DRESSLER

Dagmar Chidolue

Millie kocht

Illustrationen von
Gitte Spee

Cecilie Dressler Verlag · Hamburg

Viele andere Millie-Geschichten
erzählt Dagmar Chidolue in ihren Büchern:

Millie auf Mallorca
Millie in Ägypten
Millie in Berlin
Millie in Hollywood
Millie in New York
Millie in Paris
Millie geht zur Schule
Millie und die Jungs
Millie in London
Millie in Moskau
Millie in Afrika
Millie in Istanbul

FSC
Mix
Produktgruppe aus vorbildlich
bewirtschafteten Wäldern und
anderen kontrollierten Herkünften

Zert.-Nr. GFA-COC-001223
www.fsc.org
© 1996 Forest Stewardship Council

© Cecilie Dressler Verlag GmbH, Hamburg 2010
Alle Rechte vorbehalten
Einband- und Innenillustrationen von Gitte Spee
Lektorat: Maren Jessen
Satz: UMP GmbH, Hamburg
Druck und Bindung: CPI – Clausen & Bosse, Leck
Printed 2010/II
ISBN 978-3-7915-0409-4

www.cecilie-dressler.de

Inhalt

Konsequenzen-Kuchen

Millies Lehrerin ist Frau Heimchen. Millie hat sie schon seit der ersten Klasse, also bereits das zweite Jahr. Frau Heimchen ist eigentlich in Ordnung. **Oke.** Eigentlich ... das heißt, Frau Heimchen kann manchmal auch nerven. Wenn Millie zum Beispiel in der Schulstunde lieber mit ihrer Freundin Kucki schwätzen möchte, als ihrer Lehrerin zuzuhören. Oder wenn Millie einen Brief durch die Klasse reichen will. Von Hand zu Hand. Auf dem Brief steht vielleicht: *Für Mario* und: *Geheim!* Der Brief, der nur ein zusammengefalteter Zettel ist, wird aber von den meisten Kindern geöffnet und gelesen, bevor er weitergegeben wird. Und dabei kann es passieren, dass der Zettel von Frau Heimchen **kassiert** wird. Pech gehabt, Millie! Dabei steht in Millies Brief an Mario gar nichts Besonderes, manchmal bloß: »Machst du in der Pause beim Gummitwist mit?«

7

Man braucht zum Gummihüpfen ja drei Leute, Millie,
die springt, Kucki, die das zusammengeknotete Gummiband an einer Seite mit den Füßen hält, und einen
Doofen, der sich das Band auf der anderen Seite um die
Knöchel spannt.

Kucki springt nicht gern. Sie ist klein und dick. Statt zu hüpfen, frühstückt sie lieber. Zum Gummihüpfen braucht man keine Hände, sondern nur die Füße. In der Klasse, wo sie in aller Ruhe essen und trinken sollen, schafft Kucki ihr Frühstück nicht ganz. Kucki ist manchmal eine lahme Ente und oft muss Millie ihr sogar beim Pausenbrot helfen. Das macht sie gerne, denn Kucki hat nie ein Butterbrot dabei, sondern immer ein Streuselstückchen. Hin und wieder tauschen sie auch: Streuselstückchen gegen Salamibrot und Paprika. Streuselstückchen sollte man aber nicht immer essen, sonst bekommt man ein Honigkuchenpferd-Gesicht. Wie Kucki.

Der Doofe, den Millie und Kucki als Gummistrippenhalter finden, ist meistens Mario. Er ist sogar froh, dass er gefragt wird. Besonders beliebt ist Mario nicht. Millie weiß nicht genau, warum das so ist. Manche Dinge sind eben so, wie sie sind.

Heute, nach der Pause, hat Frau Heimchen Millie ganz besonders **auf dem Kieker**. Aber das Einmaleins mit 5 ist doch pickepackeleicht. Da kann Millie doch ruhig mal nebenbei ein bisschen mit Kucki plaudern. Und die Zauberquadrate löst Millie auch in null Komma nichts. Sie kann Kucki sogar noch helfen. Erst recht beim Einmaleins mit 7, bei dem am Ende ein Lösungswort herauskommen soll.

9

Findest du heraus, wie der Papagei heißt?

Na klar!

»Quatschkopf«, ruft Millie in die Klasse.

»Jetzt reicht es mir aber«, sagt Frau Heimchen.

Da klingelt es zum Glück zur Pause und sie dürfen raus auf den Hof. Das ist gut so. Millie hat es auch gereicht. Die nächste Stunde wird hoffentlich besser werden. Sie haben nämlich gerade gelernt, wie man Elfchen dichtet. Kucki schafft es nie, sich Gedichte aus nur elf Wörtern auszudenken. Mario auch nicht. Millie hat es irgendwann **mit Müh und Not** kapiert. Aber inzwischen kann sie es **mit links**. Zum Beispiel:

Kinder
Früh aufstehen
Im Trab laufen
Da ist das Gebäude
Schule

Nach der Pause, zwischen der Rechen- und der Schreib-
stunde, in der es mit den Elfchen weitergeht, hat Frau
Heimchen ein großes Blatt Papier an die Bilderwand
geheftet. Vor dem Aushang gibt es nun ein Geschubse
und Gestoße, weil alle Kinder natürlich neugierig sind,
aber noch nicht so schnell lesen können.
Beinah wie im Chor entziffern sie, was Frau Heimchen
da aufgeschrieben hat. Oha!

Konsequenzen bei Fehlverhalten von Schülern	
Fehlverhalten	Konsequenz
Unterrichtsstörung *(Schimpfwörter, rausschreien, laut reden usw.)*	*Gedicht auswendig vortragen oder Gedicht selber machen oder einen Kuchen für die Klasse backen*
Spaßkämpfe	*Gedicht auswendig vortragen*
Rennen im Klassenraum	*Gedicht auswendig vortragen*
Handy benutzen	*Bis zu vier Wochen weg Abholung nur durch die Eltern*

Die Tabelle sollen alle Schüler in ihr Merkheft schreiben,
in ihr Mutti-Heft. Na, das ist vielleicht schwer!
»Was ist denn das überhaupt?«, ruft Millie laut. »Komm-
sie-quetschen?«

»Genau das meine ich«, sagt Frau Heimchen. »Wir
haben feste Regeln, meine Lieben. Falls ihr das noch
nicht bemerkt haben solltet. Nicht erlaubt ist zum Beispiel, einfach rauszuschreien oder unnötig mit der Tisch-
nachbarin zu schwätzen. Und so weiter und so weiter.
Blödsinn machen. Bei einem Regelverstoß wird das in
Zukunft Folgen haben. Kon-se-quenzen.«
Aha.
Und wer muss eigentlich vier Wochen weg? Das Handy
oder derjenige, dem das Telefon gehört? Das ist nicht
klar, Frau Heimchen!

12

Vier Wochen weg muss Millie bestimmt nicht. Sie
hat gar kein Handy. Jocko hat eins. Der telefoniert
dauernd damit. Soweit Millie weiß, war er deswegen
noch nie lange weg, auf keinen Fall vier Wochen. Und
ohne Handy wäre er verloren.

Fast jeden Tag läuft Jocko Millie vor die Füße. So wie
der Uhu. Beide sind schon in der fünften Klasse, **alte
Knaben**. Sie haben im neuen Gebäude Unterricht,
gegenüber von Millies Schule. Auf dem Schulhof treffen
sie sich ab und zu. Und manchmal verabreden sie sich
sogar nachmittags, obwohl beide auch schrecklich
nerven können. Fast so wie Frau Heimchen. Die hat sich
ja nun wirklich mal wieder was Blödes einfallen lassen.

»Wir fangen mit den Konsequenzen gleich an«, sagt sie.
»Millie, gib mir mal dein Merkheft!«

Und was schreibt sie hinein?

Millie hat den Unterricht zum wiederholten Male gestört. Als
Konsequenz muss sie ein Gedicht auswendig vortragen oder
eins selber dichten oder einen Kuchen für die Klasse backen.

»Bis morgen?«, fragt Millie.

»Bis morgen«, sagt Frau Heimchen.

Na, **Prost Mahlzeit**.

Ob Mama schimpfen wird? Meistens gibt sie der Lehrerin recht. Zwei gegen einen! Und gegen Mama kommt
Millie sowieso nicht an. Mama ist die Stärkere.

Also legt Millie das Merkheft mittags lieber gleich auf den Tisch. Sie schaut Mama dabei gar nicht an.

»Ist was, Millie?«

Nö. Trallalalala.

»Millie?«

Nööö.

»Aha«, sagt Mama, als sie das Merkheft aufschlägt. »Da steht doch eine Mitteilung drin.«

Na und? Trallalalala.

»Tja«, sagt Mama, als sie Frau Heimchens Nachricht gelesen hat. »Wofür hast du dich entschieden?«

»Och«, sagt Millie. »Für den Kuchen.« Den Konsequenzen-Kuchen wird Mama ja bestimmt backen. »Du kannst ja den runden mit den Schoko-Stückchen machen.«

Aber Mama schüttelt den Kopf. »Die Konsequenzen sollst ja du tragen und nicht ich, mein Schatz. Ich stelle dir mein Backbuch zur Verfügung. Lesen kannst du ja schon.«

Was Millie heute für neue Wörter lernt!

Konsequenzen!

Verfügung!

Sonst noch was?

Vielleicht hilft Kucki ihr ja beim Backen. Das wäre prima. Denn auf die kleine Schwester muss Millie nach-

her auch noch aufpassen. Das ist nicht einfach. Trudelchen ist ja erst drei Jahre alt und kann ganz schön an-
strengend sein. Lieber erst mal telefonieren.
Aber klar doch! Kucki ist dabei. Puh, nun ist Millie **um
einiges** wohler.
Noch bevor die Freundin auftaucht, ist die kleine
Schwester aus dem Mittagsschlaf erwacht. Millie geht
mit ihr in den Garten. Trudel freut sich immer sehr,
wenn Millie sich mit ihr in den Sandkasten setzt. Sie
sieht die große Schwester erwartungsvoll an.
»Wollen wir Kuchen backen?«, fragt Millie. Was anderes
fällt ihr heute nicht mehr ein.
Trudel nickt begeistert. Sie kann mit ihren Förmchen
Kuchen backen, so viel sie will. Entenkuchen und
Muschelkuchen und Krokodilkuchen.
Der Sand ist ein wenig feucht. Das ist gut so. Dann
werden es nämlich prachtvolle Sandkuchen.
Der Sand klebt auch an Trudels Hand.
Und was macht die kleine Schwester? Sie leckt sich den
Sand von den Fingern.
»Du, du, du«, sagt Millie streng. »Man darf doch keinen
Sand essen. Das ist ba-ba. Hörst du? Ba-ba! Sand ist
ungesund!«
Trudel ist trotzig. Sie reißt ein paar Grashalme aus und
will sie sich in den Mund stecken. Aber Trudel ist doch

15

keine Kuh! Obwohl das Gras tatsächlich lecker aussieht. Das muss Millie zugeben. Und der saftig grüne Klee im Rasen! Dass man den essen kann, davon hat Millie schon mal gehört. Aber sie würde das nicht tun. Lieber ist ihr schon ein Konsequenzen-Kuchen.

Was Millie am liebsten mittags isst:
Spaghetti mit Tomatensoße

Die Spaghetti einfach in kochendes Salzwasser werfen.
Das macht Mama, weil heißes Wasser gefährlich ist. Es kann
nämlich spritzen. Am besten nach kurzer Zeit einmal um-
rühren, damit die Spaghetti-Schnüre nicht aneinander kleben
bleiben. Bitte einen Rührlöffel aus Holz nehmen. Einer aus
Metall quietscht ganz erbärmlich in den Ohren.
Nicht zu kurz und nicht zu lang kochen lassen. Eine Nudel
rausangeln und probieren. Wenn sie okay ist, dann ist sie okay.
Tomatensoße ist auch leicht, pppfff. Man braucht nur eine
kleine Zwiebel und ein bisschen Schinken oder Dörrfleisch oder
Speck in klitzekleine Würfel zu schneiden. Man muss nicht
nachmessen, ob alle Seiten der Würfel gleich lang sind; wenn
sie etwas kürzer oder länger oder schief geraten, ist das nicht
schlimm.

Etwas Butter in einem Topf heiß machen. Margarine oder Öl geht auch. Oder sonst was Fettes. Sobald das Fett etwas brutzelt, alles hineingeben, vielleicht auch ein bisschen Mehl, damit die Soße nicht so suppig wird. Vor allen Dingen müssen jetzt auch Tomaten in den Topf. Sonst wäre es ja keine Tomatensoße. Tomaten mit oder ohne Schale. Zur Not geht auch Tomatenmark.

Rühren, rühren, rühren. Und eine Prise Salz hineintun und Pfeffer und einen Fingerschnipp Zucker.

Abschmecken. Probieren, abschmecken, probieren. Von hier noch was reintun und von dort noch was reintun. Salz oder Pfeffer oder auch etwas Zitronensaft. Wem das alles noch nicht schmeckt, der kann auch einen Brühwürfel dazugeben. Aber das ist ja keine Kunst.

Schleimi-Schmieri

Mama hat ihr zerfleddertes Koch- und Backbuch **zur Verfügung** gestellt und sich anschließend verzogen. Sie hat Kucki noch ins Haus gelassen, die atemlos angerannt gekommen ist. Kucki ist ja ein bisschen dick, deswegen schnauft sie auch so, wenn sie sich beeilt.

Dass sie ein bisschen dick ist, macht nichts. Sie ist Millies beste Freundin. Die einzige Freundin. Alle anderen sind Jungs. Das ist komisch, aber das hat sich mit der Zeit so ergeben.

»Kann ich euch allein lassen?«, hat Mama noch gefragt.

Ja, ja, Mama.

»Aber wenn ihr Hilfe braucht … Ich bin nebenan.«

Leider will Trudel unbedingt in der Küche bleiben. Sie hat sich schon auf die Eckbank gekniet und schaut wie eine neugierige Ziege von einem zum anderen.

»Was für einen Kuchen wollen wir denn backen?«, fragt Kucki.

Millie hat keine Ahnung. Bloß lecker soll er sein.

Trudel schaut sich in Mamas Kochbuch die bunten Bilder an. Sie zeigt zuerst auf einen Schokoladen-

pudding und dann auf gelbe Götterspeise mit Bananen-
stückchen.

»Das ist doch kein Kuchen!«, protestiert Kucki.

Sieht aber trotzdem lecker aus. Würde Frau Heimchen
Götterspeise statt Kuchen **akzeptieren**?

20

Auf der nächsten Seite steht, wie man Salate zubereitet.
Vielleicht ist es leichter, einen Salat zu machen, als
Kuchen zu backen.
Gib mal her, Trudel!
Millie muss ein wenig um das Kochbuch kämpfen.
»Meins«, behauptet die kleine Schwester. »Meins!«
Stimmt nicht. Das Kochbuch gehört Mama. Und schließ-
lich gewinnt Millie auch den Kampf um das Buch. Es ist
ein Tausch. Kochbuch gegen ein altes Gummibärchen,
das Millie in der Kramschublade gefunden hat.
Salat kann man mit Gurken und Tomaten und mit Zwie-
beln machen. Eventuell sogar mit Pilzen.
»Nee«, meint Kucki. »Mit Pilzen … Das ist kein Salat.«
»Guck hier«, sagt Millie und tippt mit dem Finger auf
das Foto im Kochbuch. »Aber ich mag sowieso keine
Pilze.«
»Hhhmmm«, macht Kucki.
»Pilze sind lecker, wenn sie in
der Pfanne gebraten sind. Zum
Beispiel Champignons.«
»Ich esse keine Pilze, auch keine
Schampinien, weil ich nicht weiß, aus was sie gemacht
sind.« Millie sind Pilze **nicht ganz geheuer**.
»Sind Pilze Pflanzen oder sind es Tiere? Vielleicht sind
sie verkleidete Würmer.«

»Verkleidete Würmer?« Kucki zeigt Millie einen Vogel.

»Du spinnst ja wohl.«

»Oder sie stammen von den Quallen ab«, macht Millie weiter. »Die sind auch so schwabbeldabbel.«

Kucki verdreht die Augen.

Trudel will das Kochbuch zurückhaben. Sie grapscht danach, aber Millie hält es fest. Trudel schreit los und reißt am Buch, bekommt aber nur eine Seite zu fassen. Ratsch.

Schöner Mist. Trudel hat einen Riss in die Puddingseite gemacht. Millie versucht schnell, den Riss mit Spucke zu kleben. Vielleicht hält das ja. Und wenn nicht: *Das ist Trudelchen gewesen, Mama! Trudel!*

Damit die kleine Schwester aus Wut nicht noch das ganze Haus zusammenbrüllt, gibt Millie ihr die Teig-schüssel mit dem Rührlöffel, die sie schon bereitgestellt hat.

Anscheinend hat Mama Trudels Geschrei aber doch gehört. Sie steckt den Kopf durch den Türspalt.

»Alles in Ordnung?«

Klar, Mama.

»Wie weit seid ihr denn?« Mama reicht ein Kinder-Backbuch in die Küche. »Falls euch mein Kochbuch zu schwierig sein sollte.«

Wo hat sie denn das Wichtelmännchen-Backbuch raus-

gekramt? Das hat Millie ja schon eine
Ewigkeit nicht mehr gesehen! Ob in
dem ein leckerer Kuchen für die
Klasse zu finden ist?
Zwergenküsschen-Torte?
Nee, geht nicht. Wenn der Kuchen
schon so heißt! Da lachen doch alle
Kinder über Millie.
Möhrentorte?
In Mamas Einkaufskorb liegen frische
Karotten. Das Grünzeug ist noch gar
nicht schlapp. Die Zutaten für die
Möhrentorte haben sie also. Oder?
»Zwölf Scheiben Zwieback«, liest
Kucki vor. »Habt ihr Zwieback?«
Bestimmt. Und was noch?

»In ein Handtuch geben und den Zwieback zusammenschlagen«, liest Kucki weiter.
Na, ob das richtig ist? Millie schnappt sich das Wichtelmännchen-Backbuch. Tatsächlich. *Zwieback zusammenschlagen.* Das müsste Spaß machen. Und *aus Eiweiß
Schnee schlagen* hört sich auch lustig an.
Millie und Kucki überlegen angestrengt, ob sie sich an
die Möhrentorte wagen sollen. Da man der Torte aber
am Schluss etwas überziehen muss, was beide nicht

kennen, lassen sie es bleiben. Ku-ver-tü-re? Was soll das
denn sein? Vielleicht ein Mantel, weil die Möhrentorte
friert. Sie wird ja mit Schnee gemacht.
»Zu kompliziert«, entscheidet Millie.
Mamas Kochbuch muss wieder her.
Trudel rückt es friedlich raus, weil das Wichtelmänn-
chen-Backbuch die schöneren Bilder hat.
Was es alles gibt!
Omnibuskuchen, aber ohne Omnibus drin.
Königskuchen. Mit oder ohne König?
Millie und Kucki stecken ihre Köpfe zusammen.
Marmorkuchen. Ottilienkuchen. Frankfurter Kranz.
»Wir backen den Zitronenkuchen«, verkündet Millie
plötzlich. »Den kenn ich. Hat Mama schon tausendmal
gemacht. Da sind nur leckere Sachen drin. Keine
Schampinien, kein Omnibus und kein König.«
»Steht denn im Kochbuch von deiner Mama auch, wie
der genau gemacht wird?«, fragt Kucki.
»Jojo.« Millie nickt. Sie hat das Rezept für den Zitronen-
kuchen schon gefunden. »Guck hier! Wir brauchen
Butter, Zucker, Mehl und Vanillegeschmack.«
»Eier auch«, sagt Kucki. »Und eine Backform. Die muss
mit Fett ausgeschmiert werden.«
»Wo steht das?«
Millie und Kucki stecken wieder die Köpfe zusammen.

»Man füllt den Teig in eine gefettete, mit Papier aus-
gelegte Kastenform«, liest Kucki laut.

»Butter ist Fett«, sagt Millie.

»Oder Margarine«, meint Kucki. »Oder Öl.«

»Oder Schweinebacke«, fällt Millie ein. Ein bisschen
Spaß muss doch sein.

Trudel gefällt das auch. »Sssweinebacke«, wiederholt sie
und lacht sich schief.

Im Kühlschrank findet Millie Margarine, und Trudel
darf die Kastenform, die Millie aus der Schublade
unterm Herd herausgeholt hat, einschmieren. Das macht
sie gern. Die Finger flutschen nur so über das Fett.

»Aber in alle Ecken!«, mahnt Millie.

Die kleine Schwester nickt ganz ernsthaft.

Kucki hat schon Mehl, Zucker und Margarine in die
Schüssel gegeben. Jetzt kommen die Eier dran.

»Eier muss man kaputt schlagen«, sagt Kucki. »Meine
Mama kann das mit einer Hand.«

Millie weiß nicht so recht, ob sie sich das trauen soll.
Sie hält in jeder Hand ein Ei. »Sind Eier eigentlich tot
oder lebendig?«, fragt sie und sieht die Eier misstrauisch
an.

»Wenn sie gebraten sind, sind sie tot.«

»Und wenn ein Huhn drin ist, was dann?«

»Das wird dann auch gebraten. Aber ich habe noch nie

ein Huhn im Ei gesehen«, sagt Kucki. »Nur am Spieß
und gegrillt.«

»Oder nackig ausgezogen«, sagt Millie. »Mit so einer
Pickelhaut. Dann ist es ein Suppenhuhn.«

Am besten, sie schlägt die Eier einfach zusammen.

Peng.

Ein Ei hat es erwischt. Das andere ist heil geblieben.
Leider hat Millie nicht aufgepasst. Sie hätte die Hände
über die Schüssel halten müssen. Jetzt liegt der ganze
Kladderadatsch auf dem Fußboden.

Ist das schlimm?

Ja. Man könnte ausrutschen. Und die Schalenstücke würden knirschen, wenn man auf sie tritt.

Also erst mal alles aufwischen. Millie und Kucki rutschen mit Küchenpapier in den Händen auf den Fliesen herum. Sie brauchen viel Papier.

»Sogar unter dem Stuhl ist Schleimi-Schmieri«, stöhnt Millie. »Und hier sind auch noch Schalen-Krackis.«
Das Aufwischen nimmt ja kein Ende. Sie brauchen eine ganze Rolle Küchenpapier dafür.
Nur Trudel lässt sich nicht stören. Sie hat genug damit zu tun, die Kastenform mit Fett einzuschmieren. »Trudel macht hatschipatschi«, freut sie sich.

»Fein«, sagt Millie. »Mach weiter, Trudelchen.« Sie kann sich jetzt nicht um die kleine Schwester kümmern, sie hat andere Sorgen.

Endlich ist der Fliesenboden einigermaßen sauber.

Und was jetzt?

»Ich glaube, meine Mama haut das Ei auf den Schüsselrand«, meint Kucki.

Und das soll funktionieren?

Vorsichtig schlägt Millie das heil gebliebene Ei auf den
Rand der Rührschüssel.

Pling.

»Fester!«

Plang.

»Noch fester!«

Platsch.

Millie hat es geschafft! Das Ei hat einen ordentlichen
Sprung bekommen. Jetzt braucht sie die Schale nur
mit beiden Händen auseinanderzuziehen und Eiweiß
und Eigelb in das Gemisch aus Zucker, Mehl und Fett
flutschen zu lassen. Das macht ja richtig Spaß!

»Wie viele Eier brauchen wir?«

»Vier«, sagt Kucki.

»Siebn, neun«, sagt Trudel, ohne sich bei ihrer Hatschi-
patschi-Arbeit stören zu lassen.

Platsch.

Platsch.

Platsch.

Und weil Eier aufschlagen so viel Spaß macht, kriegt der
Kuchen noch ein Extra-Ei.

Platsch.

Kucki soll mal rühren. Die stöhnt vielleicht dabei!

Kuchenteig rühren ist Schwerstarbeit. Man kommt
gehörig ins Schwitzen.

»Habt ihr denn keinen Zauberstab?«, fragt Kucki
genervt.
Was ist denn das? Ein Zauberstab?
»So ein Rührdings«, sagt die
Freundin.
Millie zuckt mit den Schultern.

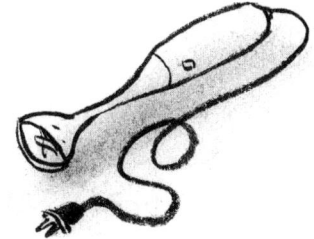

Sie könnte Mama fragen,
aber sie will den Kuchen
ohne Mamas Hilfe backen.
Damit sie **stolz** drauf sein kann. Also löst sie Kucki
beim Rühren ab.
Dschüttt, dschüttt, dschüttt.
Puh!
Na, das wäre auch geschafft. Der Teig sieht jetzt richtig
schön zusammengematscht aus.
Und was ist mit der Kuchenform?
Trudel hat das Einschmier-Fett ganz, ganz prima in der
Kastenform verteilt. Auch die Ecken hat sie nicht ver-
gessen. Trudel hat sich die Margarine aber auch an ihren
linken Ellbogen geschmiert, an beide Ohren, über die
rechte Augenbraue und ans Kinn. Die kleine Schwester
müsste jetzt eigentlich in die Badewanne.
Da klingelt es. Millie schaut in den Flur. Mama hat die
Haustür bereits geöffnet.
Wer ist da?

Wulle möchte mit Millie spielen.

»Geht nicht«, sagt Millie. »Ich bin beschäftigt. Wir backen einen Kuchen. Kucki und ich.«

»Ich kann doch zugucken«, bittet Wulle.

Na schön. Wahrscheinlich hat sich Wulle gerade mit Gus verkracht. Nur dann fällt ihm nämlich ein, dass er mal bei Millie reinschauen könnte.

Wulle huscht in die Küche, und Millie schließt schnell die Tür hinter ihm, damit Mama nicht noch in Ohnmacht fällt, wenn sie das **Chaos** auf dem Tisch sieht.

Da klingelt es schon wieder. Gus steht vor der Tür.

Sollen sie ihn reinlassen?

Millie stöhnt, dann gibt sie ihr Oke. Aber Mama soll nicht in die Küche kommen!

»Ist gut, Millie«, sagt Mama. »Ihr macht das schon, da bin ich ganz sicher.«

Ja, Mamilein.

Gus und Wulle sind
so verkracht, dass
sie sich nicht einmal
ansehen. Und sie
sind ganz fasziniert
davon, was Millie
und Kucki da
fabriziert haben.

»Das sieht richtig lecker aus«, meint Wulle.

»Und das riecht gut«, sagt Gus.

Ist ja auch Vanille drin. Und Zitronensaft. Und sooo viel Zucker!

Jetzt muss der Teig nur noch in die Kastenform gefüllt werden. Aber Wulle sagt: »Darf ich mal probieren?«, und will schon seinen Finger in die Schüssel stecken.

»Stopp!«, brüllt Millie. Wer weiß, wo er vorher mit dem Finger gewesen ist! Vielleicht in seiner Nase?

»Oder hast du vielleicht einen kleinen Löffel?«, fragt Wulle kleinlaut.

Millie hat eine Menge Löffel. Für Gus und für Wulle und für Kucki und selbstverständlich auch einen für sich. Und für Trudelchen.

Hm, das schmeckt aber gut. Oder etwa nicht?

Kucki nickt heftig und Gus und Wulle schauen sich auch wieder an. »Hm«, machen sie. »Hmhmhm.« Und noch ein Löffelchen Teig. Und noch ein Löffelchen. Hmhmhm.

»Was wird das denn für ein Kuchen?«, fragt Gus.

Och, was sollte das denn werden? Omnibuskuchen? Königskuchen? Oder Ottilienkuchen?

»Ottilie ist ein richtiger Name«, weiß Kucki. »Aber ein blöder. Mein Lieblingsname ist Silva Regina Oxford Goldenkühn.«

»Das hast du dir nur ausgedacht«, sagt Millie. »Den Namen gibt es nicht.«

»Ich finde Rodscher cool«, sagt Gus. »Oder Bruhswilli.«

»Gus ist doch nur eine Abkürzung«, sagt Kucki. »So kann man eigentlich nicht heißen.«

»In Wirklichkeit heißt Gus Gustinchen«, sagt Millie. Sie will Gus ein bisschen ärgern.

»He«, brüllt Gus. »Soll ich dir eine schallern oder was?«

»Gustinchen! Gustinchen!«

»Halt die Klappe!«, schreit Gus und zu Wulle gewandt: »Komm, wir hauen ab. Das sind doch nur blöde Weiber.« Und schon ist er weg, ab durch den Flur und hinaus auf die Straße gepest. Wulle ist ihm hinterhergetrottet.

Und was passiert nun mit dem Kuchen?

Nix.

Oje. Fast der ganze Teig ist aufgegessen. Wenn der aber auch so gut schmeckt!

»Du meine Güte«, sagt Mama, die sich schließlich doch in die Küche gewagt hat. »Ihr werdet bestimmt Bauchschmerzen bekommen.«

Och, dann wird Mama Millie eben Kamillentee kochen müssen. Und den Bauch streicheln.

»Und ich dachte, du wolltest für Frau Heimchen Kuchen backen. Oder für die ganze Klasse.«

Ach nö, Millie dichtet nun doch lieber schnell ein
Elfchen. Das ist tausendmal einfacher als Kuchen
backen. Sie hat auch gleich einen tollen superklasse
Knüller-Einfall:

Kuchen
Teig rühren
Der schmeckt gut
Man muss ihn probieren
Lecker

Soll sie noch ein Elfchen dichten?
Nee, geht nicht, die Bauchschmerzen fangen schon an.
Mama!

Millies Lieblings-Fleischgericht:
Frikadellen-Bouletten-Klopse

Hackfleisch, Salz, Pfeffer, Zwiebelwürfel und ein Ei.
Außerdem ein Matschbrötchen. Oder Paniermehl.
Alles zusammenmischen. Wer sich traut, kann mit
bloßen Händen manschen. Das ist ein tolles Iii-Gefühl.
Dann Klopsbälle formen. Platt drücken. Entweder in Mehl
wenden oder in Paniermehl, je nachdem, ob man sie weich
oder knusprig mag.
Von beiden platten Seiten braten.
Das ist schon alles.
Schmeckt auch kalt. Schmeckt am besten mittelkalt,
mittelwarm.

Herzlichen Glückwunsch
zum Muttertag

Zu Beginn der Rechtschreibstunde am nächsten Tag
meldet sich Millie brav. Sie darf ja nicht einfach so
rausschreien.

Dann sagt sie: »Ich wollte eigentlich einen Kuchen
backen. Aber das hat nicht so richtig geklappt. Jetzt
muss ich zwei Elfchen vortragen.«

»Warum?«, fragt die Lehrerin.

Hat sie vergessen, dass Millie gegen eine Regel ver-
stoßen hat?

»Ach ja«, sagt Frau Heimchen und haut sich mit der
flachen Hand gegen die Stirn. »Fein, dass du daran
gedacht hast. Dann komm mal hierher zu mir und trag
uns dein Elfchen vor.«

Hops, hops, hops, schon ist Millie nach vorne gesprun-
gen. Aber die anderen Schüler in der Klasse quatschen
noch. Das geht nicht. Es muss **mucksmäuschenstill**
sein, wenn Millie ihre Gedichte aufsagt.

Frau Heimchen klatscht dreimal in die Hände. Dreimal
in die Hände klatschen heißt: *Klappe halten.* Und es

funktioniert. Es wird **schlagartig** ruhig. Erstens, weil die Lehrerin sehr laut klatschen kann. Und zweitens, weil Frau Heimchen in der Klasse sowieso **den Ton angibt.**

Millie trägt ihr Elfchen zum Thema *Lecker* vor.

»Schön«, sagt Frau Heimchen. »Setz dich wieder, Millie.«

»Ich hab aber noch ein Gedicht«, protestiert Millie.

Frau Heimchen seufzt. Aber wenn Millie ihr zweites Elfchen nicht vortragen darf, platzt sie gleich. Gestern, kurz vor dem Einschlafen, ist ihr ja noch das Gedicht über *Strafe* eingefallen. Ohne es aufschreiben zu können, hat sie es noch schnell auswendig lernen müssen. Die Anstrengung darf doch nicht umsonst gewesen sein!

»Also gut«, sagt die Lehrerin.

Jetzt kann Millie auch noch das zweite Elfchen aufsagen. Das gefällt Frau Heimchen sehr. Sie klatscht Beifall. Aber sonst macht keiner mit.

Millie hopst zurück auf ihren Platz neben Kucki.

»Wie war ich?«, fragt sie.

»Ganz gut«, sagt Kucki.

»Meinst du das ehrlich?«

»Klar.«

»Dann schwöre es.«

Aber Frau Heimchen hat schon wieder was auszusetzen.

»Millie!«, ruft sie. »Du hast doch gerade die Folgen

deiner Schwätzerei gespürt. Du bist ja unverbesserlich. Muss ich wieder konsequent sein?«

»Das ist nicht fair«, empört sich Millie.

Einen Moment lang verschlägt es der Lehrerin die Sprache.

»Wie soll ich das verstehen?«, fragt sie, als sie sich wieder gefasst hat.

»Ich habe zwei Elfchen gedichtet und beide auswendig aufgesagt. Da habe ich eine Gutschrift für einmal Unterricht stören. Das ist dann fair.«

Frau Heimchen schnappt nach Luft. Aber jetzt reicht es ihr wohl. »Schlagt eure Rechtschreibhefte auf«, sagt sie. »Seite zweiundzwanzig. Und bitte ohne viel Brimborium anfangen. Ihr sucht zu den Wörtern die Gegensätze heraus und tragt sie in die Tabelle ein.«

Hach, das ist ja ganz leicht. Millie kann das Gegenteil von fröhlich und ängstlich und ungezogen ohne dieses Brimbrambrorium in die Kästchen schreiben.

Fertig! Und was jetzt?

Frau Heimchen wartet noch ab, bis alle Kinder die Aufgabe gelöst haben. Dann geht sie durch die Klasse und verteilt lila Herzen aus Papier und kleine Schnörkelschleifen.

»Am Sonntag ist Muttertag«, sagt sie. »Ihr könnt eurer Mutter was Nettes auf die Herzen schreiben.«

»Und wenn mir nichts einfällt?«, fragt Danny.

»Deine Mutter wird sich bestimmt auch nur über das Herz freuen«, meint Frau Heimchen. »Du brauchst ja bloß die Schleife mittendrauf zu kleben. Aber ein lieber Gedanke dazu wäre noch schöner.«

»Oder eine neue Strumpfhose als Geschenk«, brüllt Sülo in die Klasse.

»Gedicht auswendig vortragen!«, ruft Millie. »Konsequenz, Frau Heimchen! Sülo hat laut geschrien. Er soll Kuchen backen! Oder ein Gedicht machen. Regelverstoß!«

Frau Heimchen muss schon wieder dreimal in die Hände klatschen, damit Ruhe einkehrt.

»Kinder, Kinder, Kinder«, sagt sie. »Also, am Muttertag solltet ihr besonders nett zu eurer Mutter sein. Am besten, ihr nehmt ihr die Arbeit ab. Ihr könntet euch doch mal um das Mittagessen kümmern.«

»Restaurant!«, ruft Mario.

Frau Heimchen schaut ihn nur strafend mit hochgezogenen Augenbrauen an. Sie ist nicht konsequent!

»Es wäre besser, wenn ihr kochen würdet. Es muss ja nichts Außergewöhnliches sein. Mütter freuen sich auch über Kleinigkeiten.«

Millie mault ein wenig. Kochen? Sie kann nicht kochen.
Nicht mal backen hat sie geschafft.

Auf dem Nachhauseweg überlegt sie gemeinsam mit
Kucki, was man für die Mamas kochen könnte. Jocko
hat sich zu ihnen gesellt. Er hat keine Mama, deshalb
braucht er sich wegen Muttertag keine Sorgen zu
machen.

Millie glaubt, dass er von seinem Papa alle Wünsche er-
füllt bekommt. Er trägt eine schicke rote Motorradjacke
mit weißen Blitzen drauf.

»Neu?«

»Ja«, sagt Jocko. »Hat mir mein Papa gekauft.«

Das hat sich Millie ja gedacht.

»Und guckt mal, was mir mein Papa noch geschenkt
hat.«

Ein Handy!

»Du hast doch schon ein
Handy gehabt«, meint Kucki.

»Ja, aber das hier ist mit
neuester Technik«, sagt Jocko
und lässt den Apparat auf-
und zuklappen. »Ein Foto-
handy.«

Klick macht es, klick und
klack.

»He, guck mal!« Grinsend hält er Millie das Telefon vor die Nase. »Ich hab dich gerade fotografiert.«

Tatsächlich. Millie schaut in ihr eigenes Gesicht. Ist das denn erlaubt, dass Jocko sie so einfach **mir nichts, dir nichts** knipst?

»Wer will mir das denn verbieten?«, fragt Jocko.

»Ich«, sagt Millie.

Jocko lacht nur darüber. Er hopst um Millie herum und schießt noch ein paar Fotos von ihr. Kucki glaubt ja, dass Jocko in Millie verknallt ist. Aber das ist Millie egal. Hauptsache, er hört mal auf zu nerven.

»Wollen wir uns am Sonntag auf der Rollschuhbahn ein Radrennen liefern?«, fragt Jocko.

Der gibt nicht auf!

»Ich lass dich auch gewinnen.«

»Nee. Keine Zeit. Sonntag ist Muttertag. Da soll ich was für meine Mama kochen.«

»Wer sagt das?«

»Unsere Lehrerin.«

»Dann mach doch Currywurst. Das ist ganz einfach. Nur Wurst und Curry und Ketchup.«

»Das kann ich nicht«, sagt Millie.

»Dann machst du eben Fischstäbchen. Das ist noch einfacher. Die sind doch schon fix und fertig.«

Fix und fertig? Das hört sich gut an.

»Echt?«

»Ja«, sagt Jocko. »Die hat doch jeder zu Hause im Gefrierfach liegen. Die brauchst du nur rauszunehmen.«

Jocko kennt sich tatsächlich mit Essenmachen aus. Millie weiß ja, dass er manchmal für seinen Papa und sich kocht, wenn der Papa zu spät nach Hause kommt.

»Gute Idee«, meint Kucki. »Dann mache ich für meine Mama auch Fischstäbchen.«

An der Kreuzung trennen sich ihre Wege. Kucki biegt nach links ab und Jocko läuft geradeaus weiter, nun aber rückwärts. Er winkt so lange, bis Millie, die rechts abgebogen ist, ihn nicht mehr sehen kann. Jocko nervt zwar, aber er ist auch nett.

Zu Hause schaut Millie als Erstes nach, ob Mama auch Fischstäbchen im Gefrierfach aufbewahrt.

Tatsächlich! Na, dann ist der Muttertag ja gerettet.

Millie wird für Mama kochen. Das heißt, für die ganze Familie. Eine Packung Fischstäbchen wird doch wohl für alle reichen. Es juckt Millie sogar jetzt schon in den Fingern, mit dem Muttertags-Essen anzufangen, aber sie muss bis Sonntag Geduld haben.

Endlich ist es so weit.

»Herzlichen Glückwunsch zum Muttertag«, sagt Millie gleich am frühen Sonntagmorgen.

Kuss!

»Danke schön, mein Schätzchen«, sagt Mama. Sie lässt sich natürlich auch von Trudelchen küssen.

»Herzich Glückwunsch«, sagt die kleine Schwester.

»Danke schön, mein Schätzchen.«

Dann verkündet Millie, dass sie heute kochen wird.

»Wirklich?«

Klar, Mama! So feiert man doch Muttertag!

Trudel darf mittags schon mal den Tisch decken. Das macht sie gerne. Messer, Gabel, Löffel. Keine scharfen Messer! Die Teller stellt Millie vorsichtshalber selber hin und die kleine Schwester kann die Servietten an die Seiten legen. Bitte einmal falten!

Jetzt sind die Fischstäbchen an der Reihe. Ganz schön kalt ist die Packung. Etwas Eis klebt sogar dran.

An der Schmalseite wird die Packung aufgerissen.

Das sieht ja schon richtig lecker aus. Jedes Stäbchen ist in einen braunen, knusprigen Mantel gehüllt. Die werden in der Kälte gar nicht gefroren haben.

Die Fischstäbchen sind schon fix und fertig. Wie Jocko gesagt hat. Also braucht Millie sie nur auf die Teller zu legen. Wie viele soll jeder bekommen?

»Siebn, neun«, sagt Trudel.

Das geht nicht. Mama bekommt fünf. Papa fünf. Millie will auch fünf haben. Für die kleine Schwester sollten zwei reichen.

42

Jetzt sind noch drei übrig. Millie legt Papa noch eins auf den Teller. Und Mama zwei. Weil Mama heute Muttertag hat.

Irgendwas fehlt noch. Die Fischstäbchen sehen so einsam aus.

Hmhmhmhmhm. Millie sieht sich in der Küche um. Ach, vielleicht ein Salat? Im Gemüsekorb liegt eine schön glänzende Salatgurke. Das passt.

Oh ja. Die grüne Glanzgurke wird neben den knusprigen Fischstäbchen richtig gut aussehen. Millie will die lange Gurke mit einem scharfen Messer in Stücke schneiden.

»Finger weg!«, ruft sie, als Trudel danach greift. Die weiß doch, dass Messer verboten sind!

Weil Millie gleichzeitig auf die Krabbelfinger der kleinen Schwester und auf das scharfe Messer achten muss, sehen die abgeschnittenen Stücke der Glanzgurke ziemlich ulkig aus.

Jeder bekommt ein großes Stück Gurke auf den Teller geklatscht. Der Brocken, der auf Papas Teller hockt, sieht aus wie ein fressendes Schaf und Mamas Glanzgurkenstück wie ein Schraubenzieher. Trudel kriegt das Teil mit dem Zipfelschwänzchen.

Millie hat es geschafft, ihre Glanzgurke in zwei Teile zu schneiden. Ein Teil sieht aus wie ein kleines U-Boot und

das andere Stück wie ein großes U-Boot. Fertig. Jetzt
können sie Muttertag feiern.

»Alle reinkommen, bitte. Es ist angerichtet.«

Hoch soll sie leben,
an der Decke kleben,
dreimal hoch.

»Oh«, sagt Papa, als er den gedeckten Tisch sieht.
»Oha.«

Stimmt was nicht?

Na ja, besonders schön sehen die gefüllten Teller nicht
aus. Mama und Papa können viel besser kochen als
Millie. Sie können alles gleichzeitig machen, kochen und
braten und backen und manchmal auch noch auf die
kleine Schwester aufpassen.

Hinsetzen, bitte.

Seit Kurzem geht Millies kleine Schwester in den
Kindergarten. Sie hat dort schon gelernt, wie man sich
Guten Appetit wünscht:

Piep, piep, Mäuschen,
komm aus deinem Häuschen,
wenn du schön gegessen hast,
komm nach Haus und sag mir das.
Piep, piep, piep,
guten Appetit!

Guten Appetit muss man ganz laut schreien. Papa hält
sich die Ohren zu. Aber dann hat er richtig Hunger bekommen. Er sticht mit der Gabel in ein Fischstäbchen.
»Ich glaub's ja nicht!«

Was meint er denn? Na ja, inzwischen sind die Fischstäbchen ein wenig platt geworden. Schief und krumm
und etwas aus der Form geraten. Ein bisschen nass und
glibberig.

»Die sind ja gar nicht gebraten! Oder … täusche ich mich?« Papa ist ganz verdattert.

Gebraten?

Oje. Daran hat Millie nicht gedacht.

Sie hat's vergessen!

Sie hat's vergessen!

Dabei hat sie doch schon oft gesehen, dass Fischstäbchen in der Pfanne brutzeln müssen. Wie konnte sie das nur vergessen!

Schuld daran ist Jocko. Er hat Millie gesagt, Fischstäbchen sind schon fix und fertig. Und sie hat ihm geglaubt.

Millie heult ein bisschen. Aber Mama kann so schön trösten. Trudel möchte auch getröstet werden. Obwohl es gar keinen Grund dafür gibt.

»Komm«, sagt Mama schließlich. »Wir zaubern jetzt zusammen ein schönes Mittagessen. Ich habe noch Auberginen und Zucchini da. Etwas geriebener Käse dazu und Sahnesoße. Wir werden einen schönen Auflauf zubereiten. Einverstanden?«

Ja!

Und mit Mama an der Seite ist es ganz leicht, ein Essen zu zaubern. Obwohl Zauberei eigentlich schneller gehen müsste. Alle haben inzwischen einen **Bärenhunger**. Die Glibberstäbchen jedoch hat niemand mehr essen

wollen. Selbst wenn man sie noch in die Pfanne gelegt
hätte, wären sie nicht mehr zu retten gewesen.
Oberschienen- und Zuckerini-Auflauf ist sehr lecker. Ein
schönes Muttertagsessen. Nur Trudel kann sich nicht
benehmen. Sie beugt sich tief über den Teller und will
direkt davon essen.
»Ja, bist du denn ein Hund?«, fragt Papa entsetzt.
Trudel hebt den Kopf. »Nein!«, ruft sie. »Elefant! Törööö,
törööö!«

Darüber müssen alle lachen.
Ach … du meine Güte! Millie fällt ein, dass sie ja nun
gar kein Geschenk für Mama hat. Das Essen, das sie
zubereiten wollte, ist ja **voll in die Hose gegangen**.
Knüller-Einfall?
Ja! Das lila Herz!

Einen Moment bitte, Mama.

Millie muss noch schnell die Schnörkelschleife unten
an die Spitze kleben. Und in die Bäckchen vom Herzen
schreibt sie ein neues Elfchen-Gedicht:

Kuss
Große Umarmung
Mein Herz schlägt
Liebster Mensch der Welt
Mama

Wie Mama sich freuen wird! Törööö!

Was Millie ganz und gar nicht mag:
Rote-Bete-Salat

Schon wieder Zwiebeln! Aber auch Äpfel. Alles klein schneiden, die Äpfel vorher schälen und die Kerne rauspulen. Rote Bete aus dem Glas oder selbst gekocht. Essig, Öl, Pfeffer, Salz und manchmal auch ein wenig Zucker gehören in jeden Salat. Alles vermischen.
Man kann auch Kümmel reintun oder Meerrettich oder Borretsch oder ein Lorbeerblatt. Das ist Millie egal.
Sie mag Rote-Bete-Salat nicht, egal wie.

Die Schmecke

Jeden Montagvormittag lässt Frau Heimchen die
Kinder berichten, was sie am Wochenende erlebt haben.
Es kommen nicht immer alle Kinder dran. Manche
wollen gar nicht mehr aufhören zu erzählen. Zum
Beispiel Millie. Und andere haben nichts erlebt. **Nix.**
An diesem Montag will die Lehrerin die Geschichten
vom Muttertag hören. Welche Geschenke die Mütter
bekommen haben und wer tatsächlich für die Mutter
gekocht hat.
An Geschenken hat es lila Schokoladenpralinen gegeben
und rote Schatzkisten mit Schleife, in denen auch

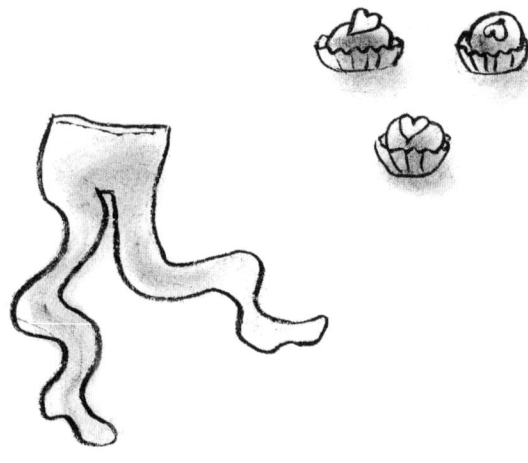

Schokoladenpralinen drin sind. Dann noch rote Rosen-
sträuße mit Glitzerherz. Drei Kinder haben Kochtöpfe
geschenkt und zwei Strumpfhosen für ihre Mama.
Sülo natürlich auch.

Kucki hat gekocht.

»Lasagne, fix und fertig aus der Packung«, sagt sie. »Ist
Babykram.«

»Na, immerhin«, sagt Frau Heimchen.

Von Millie will sie keine Geschichte hören. Sie weiß, dass
deren Erzählungen **endlos** sein können.

Millie kann den Berichten der anderen Kinder über die
Muttertags-Geschenke aber nicht gut zuhören. Die sind
ja sterbenslangweilig. Kochtöpfe! Strumpfhosen! Und
sie wird noch ersticken, wenn Frau Heimchen sie nicht
gleich drannimmt. Millie reckt ihren Arm noch höher.
Dann schnipst sie mit Daumen und Mittelfinger. Das hat
sie richtig gut drauf.

Schnips, schnips, schnips.

Frau Heimchen lässt sich jedoch nicht beirren. Sie über-
hört Millies Schnipserei. Deshalb platzt Millie mit ihrer
Muttertags-Geschichte einfach raus. Das Fischstäbchen-
Drama. Das lila Elfchen-Herz.

Oh, oh!

»Millie!«

Ja?

Schon ist Millie still. Was wird jetzt passieren? Noch ein Eintrag ins Mutti-Heft? Mama wird bald die Nase voll davon haben, Frau Heimchens Beschwerden zu lesen.

Die Lehrerin heftet wieder ein großes Blatt an die Bilderwand. Sie hat es wohl aus einem Kalender mit Malkunst gerissen. Auf der einen Seite sind schöne Blumen zu sehen, leuchtend rote Blüten. Die gibt es im Sommer auch in Millies Garten. Malvinen heißen sie. Oder?

Frau Heimchen hängt das Blatt aber so auf, dass man das Malvinenbild nicht sehen kann. Auf die Rückseite hat sie wieder eine Tabelle gemalt.

Gesprächsregeln:

1. *Ich melde mich, wenn ich etwas sagen möchte.*
2. *Ich höre anderen zu.*
3. *Ich spreche nur, wenn ich aufgerufen werde.*
4. *Ich spreche laut und deutlich.*
5. *Ich respektiere die Antworten meiner Mitschüler.*

»Verstanden, Millie?«

Ja. Verstanden. Manno. Obwohl ... was *respektieren*
bedeutet ... wahrscheinlich Klappe halten und nicht
über andere lachen, ja, ja, schon gut.

»Haben es alle verstanden?«

»Ja«, dröhnt es jetzt wie im Chor.

»Prima«, sagt Frau Heimchen. »So, und nun werden wir
unser nächstes Projekt planen. Wir wollen am Freitag
nämlich eine Lesenacht machen.«

Häh?

»Wir fangen abends früh an, lesen vor und jeder darf
sein Lieblingsbuch mitbringen.«

»Mit Schlafen?«

»Ja«, bestätigt Frau Heimchen. »Bitte Schlafsäcke mitbringen. Oder Luftmatratzen und Decke.«

»Auch ein Kopfkissen?«

»Was immer ihr wollt. Aber eure Eltern wissen schon
Bescheid. Wir haben die Lesenacht ja gemeinsam auf
dem letzten Elternabend beschlossen.«

Och, das hatte Millie längst vergessen. Aber gut. Das
wird bestimmt lustig werden. Da werden sie die Nacht
durchfeiern können.

»Also überlegt euch, was ihr für das Abendessen mitbringen möchtet«, fährt Frau Heimchen fort.

»Spaghetti!«, ruft Kucki.

Frau Heimchen weist mit dem Finger auf die Gesprächsregeln an der Wand.

Kucki meldet sich sofort. Da nimmt Frau Heimchen sie
auch dran.

»Spaghetti!«, wiederholt Kucki.

Mann, das hat sie doch eben schon gesagt.

»Gute Idee«, meint die Lehrerin. »Und was noch?«

Alle Kinder melden sich jetzt. Millie jedoch mit schnips,
schnips, schnips. Frau Heimchen guckt schon wieder
so schief. Deshalb wird Millie bestimmt nicht dran-
kommen. Aber was kann sie denn dafür, wenn ihre
Finger von alleine schnipsen? Außerdem steht in den
Regeln nicht, dass nicht geschnipst werden darf. Es sind
Gesprächsregeln und keine Schnipsregeln.

Millie lässt ihren Arm oben, bis er fast abstirbt. Sie muss
ihn sogar mit der anderen Hand abstützen. Schließlich
hat Frau Heimchen doch **Mitleid** mit Millie und will
ihren Vorschlag hören.

Na endlich!

»Nachtisch«, sagt Millie.

»In Ordnung. Wir wollen aber in der Schulküche auch
was Leckeres kochen. Vielleicht bringt jeder noch Zutaten für Pizza mit.«

Na klar.

»Salami und Käse.«

»Paprika, Tomaten.«

»Thunfisch!«

»Gute Idee«, sagt Frau Heimchen. »Und Millie überlegt sich einen Nachtisch, der uns nicht so schwer im Magen liegt.«

Das soll Mama sich mal überlegen. Millie kennt sich mit dem Magen noch nicht so gut aus.

»Frau Heimchen meint einen bekömmlichen Nachtisch«, erklärt Mama Millie. »Etwas, das keine Bauchschmerzen macht. Zum Beispiel Apfelmus.«

Apfelmus machen hört sich einfach an, ist es aber nicht. Die Äpfel verwandeln sich ja nicht von allein in Apfelmus. Man muss sie schälen und stückeln. Den Stiel entfernen und die Kerne rauspulen.

Mama, Trudel und Millie hocken in der Küche am Esstisch. Mama hat es übernommen, die Äpfel zu schälen. Weil Millies Apfelschalen daumendick geworden sind.

»So geht das aber nicht«, hat Mama gesagt.

Dann mach du das mal lieber, Mama, sonst schneidet sich Millie noch in den Finger. Sie kann aber die nackten Äpfel halbieren und vierteln und achteln und … sechzehnteln? Oder wie geht das weiter? Und was soll sie mit diesen Dingern machen?

»Was für Dinger, Millie?«

Na, diese durchsichtigen Dinger, die aussehen wie aus Plastik. »Die Muscheln von den Kernen, Mama!«

»Das Gehäuse, Millie!«

»Ach so.«

»Mami?«

»Ja?«

»Man kann aber auch Dinger dazu sagen.«

Mama zieht die Luft geräuschvoll ein. Ist sie vielleicht genervt?

»Mami?«

»Ja?«

»Weißt du, warum man auch Dinger dazu sagen kann? Oder ... Ding?«

Mama schnauft schon wieder.

»Weil ein Ding was Kleines ist.«

»Ach so«, sagt Mama. Sie konzentriert sich aber auf ihre Arbeit. Sie kann hauchdünne Apfelschalen schälen und schafft es sogar, eine Apfelschlange zu zaubern. Trudel ist entzückt davon: »Ssslange haben, Ssslange haben!«

Sie wickelt sich die Schlange um den Hals. Sie zieht und zerrt, bis die Schlange schließlich reißt und Trudel zu weinen anfängt. Mama stöhnt, aber sie muss noch eine Apfelschlange fabrizieren, damit die kleine Schwester mit der Heulerei aufhört.

56

Millie entdeckt, dass einige Äpfel Pickel haben. Sogar
Trudels Apfelschlange.
»Kann man denn die Pickel mitessen, Mami?«
»Das sind keine Pickel, mein Schatz«, meint Mama.
»Manche Apfelsorten sehen so aus.«
Na, Millie weiß nicht so recht. Wenn es keine Pickel sind,
dann sind es bestimmt Warzen.
»Ist Warzen essen denn gesund?«

»Millie! Was du dir immer so denkst!«

Jaha. Und das Denken geht beim Apfelschneiden wie von selbst. Millie kommt **vom Hundertsten ins Tausendste**.

Die Schüssel mit Millies klein geschnittenen Apfelstückchen, aus denen Mama das Warzenapfelmus kochen wird, füllt sich mehr und mehr. Trudelchen hat den Rest ihrer Schlange auf den Boden fallen lassen und greift jetzt nach den Apfelschnitzeln.

»Finger weg!«, ruft Millie. »Mama! Trudel frisst die ganzen Äpfel auf!«

»Millie! Man sagt nicht *fressen*.«

Aber King, der Hund von Frau Morgenroth, der frisst doch. Das darf man sagen, das ist nicht verboten.

»Na ja«, meint Mama. »Bei einem Hund kann man das sagen.«

»Mami?«

»Ja?«

»Warum darf man eigentlich nicht *Fresse* sagen? Ich meine, zum Mund.«

»Es hört sich nicht schön an, Millie. Es ist ein Schimpfwort.«

Aha.

»Mami?«

»Ja?«

»Warum sagt man zum Mund nicht *Esse*? Fressen und Fresse gibt es. Dann müsste es auch Essen und Esse geben.«

»Hm«, macht Mama und hält einen Moment lang mit der Apfelschälerei inne. »Keine Ahnung. Aber man kann zum Beispiel, wenn etwas gut schmeckt, *munden* sagen. Mund und munden.«

»Und kann man dann vielleicht zum Mund auch *Schmecke* sagen? Schmecken und Schmecke?«

»Nee«, sagt Mama und stöhnt schon wieder.

Aber Schmecke hört sich doch gut an! Viel netter als Fresse, nicht wahr?

Aua. Bei all dem Nachdenken hat Millie nicht aufgepasst. Jetzt hat sie sich doch noch geschnitten. Aber wie!

Mama! Es blutet, es blutet!

»Das hätte ich mir ja denken können«, sagt Mama und steht schon auf. In der Schublade über dem Bratpfannenschrank gibt es eine Schachtel mit Pflastern.

Nimm mal ein großes Pflaster, Mama! Und keines mit Zootieren drauf oder mit Glitzer. Die sind doch nur für Babys! Bitte ein Erwachsenen-Pflaster, Mama. Das größte! Dann kann Millie in der Schule wenigstens beweisen, dass sie tüchtig geholfen hat, den Nachtisch für die Lesenacht zuzubereiten.

Aber anrühren wird sie das Warzenapfelmus auf keinen Fall. Sie wird sich in der Lesenacht ja wohl noch was anderes in ihre Schmecke schieben dürfen. Lecker Salami-Pizza oder die Spaghetti von Kucki. Vielleicht wird jemand sogar einen Schokoladenpudding mitbringen. Der ist auch bekömmlich. Jawohl.

Was Trudel gerne isst:
Milchreis

Für ganz viel Milchreis sollte man einen Liter Milch nehmen.
Runde Reiskörner reinrauschen lassen. Auf keinen Fall die
schmalen, langen Körner nehmen.
Bisschen Salz, mehr Zucker. Dann zum Kochen bringen, also
Platte auf volle Pulle drehen. Wenn die ersten Blubber zu
sehen sind, ausmachen. Der Rest passiert von ganz alleine.
Deckel drauf, abwarten. Nach so und so vielen Minuten ist
der Milchreis fertig.
Aber jetzt kommt's: Wichtig ist, was man obendrauf tut.
Braune Butter oder Zucker und Zimt oder alles zusammen.
Alles zusammen schmeckt Trudel am besten.
Millie eigentlich auch.

Pizza mit Schampinien

Schokoladenpudding hat leider niemand zur Lesenacht mitgebracht. Aber Wulle stellt ein Tablett voller Schoko-Igel auf den langen Tisch in der Aula.

Wie sehen die denn aus?

»Dreh sie mal um, Wulle. Aus was sind die denn gemacht?«

Gus und Wulle nehmen natürlich auch an der Lesenacht teil. Alle Grundschul-Klassen sind dabei. Da ist vielleicht was los!

Wulle weiß nicht, aus was die Schoko-Igel bestehen. Aus Schokolade, das ist klar. Aber was steckt darunter?

Millie würde gerne einen Igel zum Nachtisch essen, aber vielleicht liegt ja ein halber Warzenapfel unter der Schokolade.

Nee. Der Igel ist eine halbierte Birne. Leider kann Millie nicht sehen, ob die Birne auch Pickel oder Warzen hat.

»Habt ihr die geschält?«, fragt sie Wulle.

»Wir doch nicht«, sagt er. »Die sind doch gekauft.«

Mann, das gilt nicht! Aber essen kann man sie trotz-

dem. Die Igel haben ja sogar Piksi-Stacheln. Stecken da
Streichhölzer drin? Das wäre ja gemein.

»Das sind Mandelsplitter«, sagt Wulles Mutter, bevor
sie Wulle einen Kuss gibt und verschwindet.

Alle Eltern müssen das Schulgebäude verlassen. Mama
und Papa sind schon längst fort. Sie haben Millies
Schlafsack bei Frau Heimchen abgegeben und die große
Schüssel mit dem Warzenapfelmus auf das Büfett ge-
stellt. Und die Frischhaltedose mit den Pizza-Zutaten.
Paprika, Tomaten, Ananas und geriebenen Käse.

Alle Kinder, die an der Lesenacht teilnehmen, müssen
das Zeug zur Schulküche schleppen. Dort gibt es einen
großen gefliesten Raum mit zwei Herden. Und zwei
Backöfen. Und vier Backbleche. Die sind für die Pizzas.

Kucki hat Pilze mitgebracht.

»Iii«, schreit Millie. »Du weißt
doch, dass ich keine
Pilze mag.«

»Ich mach dir ein
Stück ohne Pilze«,
beruhigt Kucki sie.
»Dann musst du bitte
aber auch einen Zettel
drankleben: Reserviert
für Millie.«

Kucki zeigt ihr einen Vogel.

»Wie soll das denn sonst klappen?«, will Millie wissen.

Sie meint, falls jemand wie Gus ihr das Stück weg-
schnappen will.

»Ich verteidige es mit meinem Leben«, sagt Kucki
ernst.

»Wirklich?«, fragt Millie. Sie ist ganz baff.

»Großes Ehrenwort«, sagt Kucki.

Bevor sie alle mit dem Pizzabacken anfangen, besteht
Frau Heimchen darauf, dass sie ihre Hände waschen.

»Meine sind sauber«, sagt Millie.

»Millie!«

Ist doch wahr.

Na schön. Millie trottet mit den anderen zu den Spül-
becken.

»Und wo sind die Handtücher?« Daran hat Frau
Heimchen wohl nicht gedacht.

Damit die Hände trocken werden, muss man sie ordentlich schütteln und die anderen nass machen. Das gibt
sofort ein Gejuchze und Gequieke!

»Jetzt reicht's«, werden sie schließlich von Frau
Heimchen ermahnt.

Also gut.

Gus und Wulle melden sich freiwillig, den Pizzateig
auszurollen. Wulle müht sich brav mit der Nudelrolle

ab, aber Gus meint, dass Pizzateig in der Luft rum-
geschleudert werden muss und dann von selbst flach
wird. Vor allen Dingen rund: »Das habe ich beim
Pizzabäcker gesehen.«
Millie hat das auch schon gesehen, aber sie würde es
sich nicht trauen. Selbst Mama macht den Pizzateig mit
dem Nudelholz platt. Man braucht Jahre, um mit dem
Teig in der Luft jonglieren zu können.
Gus wird das auch wissen, aber er hat den Kopf voller
Unsinn. Er ist ein **Angeber**.
Zuerst rollt er den Teig in seinen Händen kugelrund,
dann haut er ihn auf den Tisch und boxt auf ihm rum,
was das Zeug hält. Dann versucht er wie ein Profi,
den Teig in Form zu bringen. In Pizzaform.
Mehr als versuchen kann er nicht. Das hat Millie ja
geahnt. Frau Heimchen hätte es auch wissen müssen.
Aber wahrscheinlich hatte sie genug damit zu tun, auf
Millie aufzupassen. Obwohl Millie nix macht. Sie hat
nicht einmal einen krummen Gedanken im Kopf. Außer-
dem muss sie allen in der Klasse ihren verletzten Finger
mit dem großen Erwachsenen-Pflaster zeigen.
»Ist beim Kochen passiert«, sagt sie.
»Was hast du denn gekocht?«, will Mario wissen.
»Apfelmus«, sagt Millie.
Und in diesem Moment fliegt ihr der Pizzateig von Gus

um die Ohren. Er streift Millies Backe und klatscht dann
auf den Boden.

Gus lacht sich schief. »Klasse!«, ruft er und will den Teig
wieder aufheben.

»Also Kinder!«, ruft Frau Heimchen. »So geht das aber
nicht. Und was auf den Fußboden fällt, wird nicht gegessen.«

»Und warum nicht?«, will Gus wissen.

»Wegen der Bakterien«, sagt die Lehrerin.

»Aber die werden bei hundert Grad umgebracht.« Gus weiß es wieder einmal besser.

»Schluss jetzt. Und heb den Teig auf. Sonst rutscht noch jemand aus.«

Gus sprintet los. Aber er kann nicht rechtzeitig bremsen. Er rutscht tatsächlich auf seinem eigenen Pizzateig aus. Aber wie! Er landet mit Karacho auf seinem Hintern.

»Aua«, brüllt er. »Ich bin voll auf meinen Arsch gefallen.«

Alle Kinder sehen Frau Heimchen an, weil man eigentlich nicht sagt, was Gus da eben herausposaunt hat.

»Was soll das heute noch werden«, seufzt Frau Heimchen.

Das Beste wäre, Gus nach Hause zu schicken. Aber auf diese Idee kommt die Lehrerin nicht. Zum Glück sind sie nachher, wenn die Lesenacht richtig anfängt, getrennt voneinander untergebracht, die zweiten Klassen von den dritten und vierten.

Was machen sie denn jetzt mit dem Pizzateig?

»Auf, auf!«, ruft Frau Heimchen und klatscht dreimal in die Hände. »Jetzt belegen wir die Pizza.«

Rucki, zucki geht das mit einem Mal. Platsch, wird die Tomatensoße auf dem Teig verteilt.

»Wer streut den Mozzarella-Käse drüber?«

»Ich!«, ruft Millie.

Es macht Spaß, mit beiden Händen in die Käseschüssel
zu greifen. Geriebener Motze-Rillen-Käse sieht aus wie
weiße Würmer. Ohne Kopf. Nur mit Schwanz.

»Wer mag Salami? Und wer Artischockenherzen?«

Schinken?

Zwiebeln?

Thunfisch?

Sandinellen?

Oliviren?

Schampinien?

»Das sind doch Pilze«, jammert Millie.

»Beruhige dich«, sagt Frau Heimchen.

»Ich kann mich aber nicht beruhigen«, klagt Millie.

»Mein Finger tut so weh.«

Den schlimmen Finger mit dem großen Pflaster hat Frau
Heimchen noch gar nicht bemerkt. Also muss Millie ihn
ihr **unter die Nase** halten.

»Ach, das tut mir aber leid«, sagt die Lehrerin.

Dass Frau Heimchen Mitleid hat, ist nett von ihr. Und
schon tut der Finger gar nicht mehr weh.

So. Alle belegten Backbleche sind nun im Ofen. Frau
Heimchen stellt den Küchenwecker, tttrrrrrrrrr, damit
die Pizzas nicht verkohlen.

68

Um die Backzeit **sinnvoll** zu nutzen, beginnen sie mit
der Lesenacht, jeder in seiner Klasse. Gut, dass Gus und
Wulle nicht im selben Raum wie Millie sind. Gus ist sooo
ein Hampel. Er würde nur stören.
Programmpunkt Nummer eins: Vorlesen!
Wer bestimmt das?
Frau Heimchen natürlich. Sie möchte, dass ihre Schüler
einen Stuhlkreis in der Klasse bilden. Damit das
reibungslos klappt, hat sie eine Anweisung geschrieben:

Stuhlkreis-Regeln:
1. Ich trage den Stuhl vorsichtig.
2. Jeder hat seinen Platz im Stuhlkreis.
3. Ich bleibe auf meinem Stuhl sitzen.
4. Ich gehe leise in den Stuhlkreis.
5. Im Stuhlkreis gelten auch unsere Gesprächsregeln.

Dann ist ja alles klar.
Einer nach dem anderen liest jetzt vor. Frau Heimchen
hat ein Buch mitgebracht, das noch keiner kennt. Jeder
soll einen Absatz vorlesen und das Buch dann an den
Nächsten weiterreichen.
Das Buch handelt von Grauschnauz, Mudi, Pfeifer und
Rupert. Und von Freundschaft, Liebe und dem Leben.

Es ist eine ganz wunderbare Geschichte. Aber das Ende und ob die Kanalratzen schließlich doch noch Vernunft annehmen werden, wird heute keiner mehr erfahren, weil sie mittendrin der Küchenwecker aufschreckt: Tttrrrrrrrrr. Da springen alle Kinder auf und wetzen in die Küche. Ach, Frau Heimchen! Die letzte Stuhlkreis-Regel hast du wohl vergessen:

6. *Ich stehe erst auf, wenn meine Lehrerin es erlaubt.*

Die Pizzas müssen **redlich** geteilt werden! Für jeden ein Stück. Frau Heimchen schneidet die Pizza in Stücke. Das ist gut so. Dann werden die Stücke einigermaßen gleich groß.
Wo ist denn Millies Pizzastück ohne Schampinien ge-

70

blieben? Das hat sich doch jemand **unter den Nagel** gerissen!

»Du kannst von mir den Rand haben«, sagt Mario. »Da sind keine Pilze drin.«

Na, immerhin etwas. Vielleicht ist Mario doch nicht so doof.

»Ich mag den Rand sowieso nicht«, fügt er allerdings hinzu.

Dann ist er eben doch doof.

Auf dem Weg zur Aula wandert Millie mit ihrem Pizza-teller den anderen ein bisschen enttäuscht hinterher.

»Pul doch die Pilze aus der Pizza heraus«, schlägt Kucki vor. Das ist die einzige Möglichkeit für Millie, am Pizza-essen teilzunehmen. Aber schmeckt die Pizza dann nicht immer noch nach Schampinien? Und Kucki hat ihr Ver-sprechen, Millies Stück mit ihrem Leben zu verteidigen, auch nicht gehalten.

Millie will sich mit Nachtisch trösten. Es gibt ja die schö-nen Schoko-Igel von Wulle! Auch wenn sie nur gekauft sind. Sie dürften trotzdem lecker schmecken.

Aber wo sind die geblieben?

Weg. Das ganze Tablett ist **leer gefegt**.

Gus hat sie aufgegessen.

Alle?

Alle.

Da bleibt Millie nichts anderes übrig, als doch vom
Warzenapfelmus zu essen. Hat Mama ja gemacht.
Immerhin.

Schließlich geht es zurück in die Klassen. Die Lesenacht
fängt jetzt erst richtig an. Aber so lange dauert sie gar
nicht. Die ganze Nacht, das ja, aber die Ersten schlafen
schon nach dem Essen ein. Nur noch ein paar Kinder
haben ihr Lieblingsbuch vorgestellt: Programmpunkt
Nummer zwei.

Millie will danach noch ganz lange lesen. Das wäre
Programmpunkt Nummer drei. Aber plötzlich muss sie
an Trudel denken. Was die kleine Schwester jetzt wohl
macht? In ihrer ersten Nacht ohne Millie. Ob sie weint?
Oder ob sie auf Millies Bett herumtobt? Und schläft
Mama tief und fest? So fest, dass sie sich um Millie gar
keine Sorgen macht? Nicht mal ein kleines bisschen?

Millies Herz wird ein wenig schwer. Ganz tief kann sie
sowieso nicht schlafen. Sie hört sehr wohl, wie Gus
mitten in der Nacht über den Flur läuft und auf dem
Jungen-Klo verschwindet. Ihm ist bestimmt von den
vielen Schoko-Igeln schlecht geworden.

Richtig so!

Alle Kinder essen am liebsten:

Pommes

*Die kann man in der Imbissbude kaufen, aber auch selber
machen. Wenn man so lange drauf warten kann! Dazu muss
man erst einmal einen Pommesschneider kaufen, dann die
Kartoffeln schälen und in lange Dinger schneiden. Oder man
kauft eine Tüte gefrorene Pommes im Supermarkt. Das spart
enorm viel Zeit.*

*Einen Topf mit viel Fett erhitzen. Die rohen Kartoffelstäbchen
hineingeben. Das müssen auf jeden Fall Mama oder Papa
machen. Heißes Fett ist verdammt gefährlich!*

Goldgelb brutzeln lassen.

*Pommes schmecken mit Salz oder rot-weiß (Ketchup und
Majo). Man kann auch Fritten zu Pommes sagen.*

Party machen

Am Morgen nach der Lesenacht fragt Mario, ob Millie
am Sonntag zu ihm kommen kann.
»Nee«, sagt sie. »Da habe ich schon was vor.«
Millie hat gar nichts vor, aber zu Mario will sie nicht
gehen. Nicht weil er doof ist, sondern wegen seiner
Schwester.
Mario gibt aber nicht auf. »Ich sollte das gestern schon
sagen. Hab ich vergessen. Meine Mutter lädt dich herz-
lich ein.«
»Hat sie das gesagt?«
»Genau so.«
Aha.
Aber eigentlich hat Millie doch was vor, auch wenn sie
nichts vorhat.
»Ich habe Geburtstag«, erklärt Mario ihr.
Ach, so ist das.
»Wir machen Party«, sagt er. »Meine Mutter lädt dich
herzlich ein.«
Jaja, hat Millie schon kapiert.
Party machen hört sich irgendwie **interessant** an.

Party ist was anderes als Kindergeburtstag. Obwohl
Kindergeburtstag sehr schön ist.

»Meine Mutter lädt dich herzlich ein«, wiederholt
Mario. Mann, ist der **beharrlich**.

»In Ordnung«, sagt Millie. »Willst du ein Geschenk
haben?«

»Ja«, sagt Mario. »Aber kein Buch.«

Oje. Millie fallen als Geschenk immer nur Bücher ein.
Oder ein Elfchen. Eins für Mario würde vielleicht so
lauten:

Klassenkamerad
Nicht beliebt
Er ist komisch
Manchmal aber zu gebrauchen
Mario

Doch wenn es weder ein Buch noch ein Gedicht sein
soll, dann muss Mama was einfallen. Als sie Millie von
der Lesenacht abholt und von der Einladung erfährt,
fragt sie: »Wie alt wird Mario denn?«

»Acht«, sagt Millie.

»Vielleicht interessiert er sich für ein Modellflugzeug?«

»Der interessiert sich für nichts«, sagt Millie. »Der ist
doch doof.«

»Millie!«

Ist aber so.

»Oder das Spiel des Jahres?«

Mit wem sollte Mario das denn spielen? Er hat keine
Freunde.

Noch am Nachmittag gehen sie in einen Spielwaren-
laden. Trudelchen ist natürlich auch dabei.

Da Mama von der Auswahl im Laden **fast erschla-
gen** wird, muss eine Verkäuferin sie beraten. Die nickt
mit dem Kopf immer zu ihren eigenen Worten. Dabei
klimpern ihre goldenen, lang herabhängenden Ohrringe,
klingelingeling.

»Für einen Jungen von acht Jahren«, nickt sie. Klingelingeling. »Da würde ich Ihnen zu Yu-Gi-Oh raten.«

»Bitte?«, fragt Mama. »Was soll das sein?«

»Yu-Gi-Oh sind die beliebten Action-Figuren.«
Klingelingeling.

»Yugi verfügt über eine geheimnisvolle Macht, die stark,
klug, umsichtig und unbezwingbar macht. Wer drei
ägyptische Göttermonster sammelt, kann die Weltherr-
schaft erringen.«

»Oje«, sagt Mama. »Damit kann ich nichts anfangen.«
Na ja, Mama soll ja auch nicht mit den Äkschen-Figuren
spielen. Und für Mario wäre es gut, wenn er ein bisschen stärker und ein bisschen klüger würde.

»Ich mag Monster gerne«, sagt Millies kleine Schwester.
Nun hör sich das einer an! Aber Mama überhört es.
»Was schlagen Sie denn noch vor?«, fragt sie die Ver-
käuferin.
»Vielleicht Simon-Challenge?«
Mama schüttelt den Kopf.
»Mastermind? Das ist ein Denkduell der Spitzenklasse.«
Aber leider für zwei Leute!
Mama überlegt, ob sie nicht doch ein Buch nehmen
sollen. *Matilda?* Handelt allerdings von einem Mädchen
und ist erst ab zehn Jahren. Die Geschichte von Matilda
könnte Millie aber auch interessieren.

Gekauft. Manchmal muss man die Leute eben **zu
ihrem Glück zwingen**. Das sagt Frau Morgenroth
immer, die Nachbarin, die bei Millie ein und aus geht.
Als Millie auf der Party auftaucht, weiß Mario gleich,
dass in dem schön eingewickelten Päckchen ein
Buch steckt. Er zieht eine saure Schnute und legt das
Geschenk zur Seite.

Wenigstens sind seine Eltern nett zu Millie.
»Hallo, hallöchen«, sagt Marios Vater. »Da sieht man
dich endlich wieder.«
Ist ja auch schon längere Zeit her, dass Millie mit der
ganzen Klotzig-Familie den Ägypten-Urlaub verbringen
musste.

»Wie nett, dass du gekommen bist.« Marios Mutter streicht Millie über den Kopf, als wäre sie noch ein Baby. Hach.

Und dann Mercedes! Wie sie angezogen ist!

Weiße Leggings.

Grün-weiß gemusterte Tunika.

Goldene Ballerinas an den Füßen.

Na ja, wenn Millie erst einmal so alt wie Marios Schwester sein wird, dann kann sie sich auch so chic anziehen. Wenn sie wollte. Jetzt ist sie mit ihrer dreiviertellangen hellblauen Sommerhose und dem bunten Ringel-T-Shirt jedenfalls ganz zufrieden.

»Oh«, flötet Mercedes. Sie hat Millie nur kurz angesehen. Dann zischt sie ihrem Bruder zu: »Hast du niemand anderes als die Kleine gefunden? Wir machen doch Party und sind kein Kindergarten.«

Blöde Ziege. Selber Kindergarten.

Die Party soll im Garten stattfinden. Da hat Herr Klotzig einen Grill aufgestellt. Na, wenigstens sieht es so aus, als ob es lecker Essen geben würde. Würstchen!

»Und eine Bowle«, zwitschert Mercedes. »Eine richtige Obst-Bowle mit allem Drum und Dran.«

Dass Kinder Drum-und-Dran-Bohle trinken dürfen, hat Millie nicht gewusst. Da ist doch immer Schnaps drin oder Wein. Davon wird man doch besoffen!

Aber Frau Klotzig widerspricht ihrer Tochter nicht.
»Dazu eine süße Sommersuppe«, sagt sie. »Und zum
Einstieg erst einmal einen grünen Gurken-Drink. Helft
mir dabei, Kinderchen.« Ihre flinken Augen streifen über

die Zutaten auf dem Gartentisch. Gurke, Dill, Zwiebel, Salz und Pfeffer. Mineralwasser. Dann verschwindet sie wieder im Haus.

Mercedes schnappt sich die Gurke.

»Du kannst die Zwiebel schneiden«, sagt sie zu Millie.

Die blöde Ziege weiß, warum! Weil Zwiebeln einen zum Heulen bringen können. Mannomannomann. Das ist vielleicht eine blöde Party.

Millie legt die Zwiebel auf ein Brettchen und versucht vorsichtig, mit einem Zackenmesser in die Zwiebel zu schneiden.

»Abziehen!«, brüllt Mercedes. »Du musst die Zwiebel doch erst abziehen. Mann, bist du dumm.«

Selber dumm. Fast heult Millie schon, noch bevor der Zwiebelsaft ihr in die Augen spritzt.

Abziehen?

Ach ja, eine Zwiebel hat ja Zwiebelschalen. Im Grunde besteht eine Zwiebel nur aus Schalen. Millie zieht also Schale um Schale ab, erst die dunkelbraune Schale, dann die hellbraune Schale, dann die gelbe, dann die weiße und die weiße und die weiße …

»Bist du bescheuert?«

Millie steht das Wasser schon in den Augen. Aber nur wegen der Zwiebel. Nur wegen der Zwiebel! Sie wird doch nicht wegen der blöden Ziege heulen.

Und jetzt soll sie das, was von der Zwiebel übrig geblieben ist, auch noch klein schneiden. Nicht nur ihre Augen tränen. Das Wasser tropft schon aus der Nase.

»Iii«, ruft Mercedes. »Das ist ja widerlich.«

Sie rennt ins Haus und kommt mit einer türkisfarbenen Taucherbrille wieder.

»Setz die auf«, befiehlt sie. »Dann brauchst du nicht zu flennen.«

Na, wenn das hilft!

Millie zieht die Nase erst mal hoch. Dann streift sie sich die Taucherbrille über. Sie kann zwar nicht mehr so gut sehen, aber wenigstens wird die Heulerei nicht schlimmer.

»Oh, siehst du komisch aus«, quietscht Mercedes. »So richtig dämlich.«

Mario sagt nichts. Schon die ganze Zeit sagt er nichts. Nun sieht er Millie abwartend an. Was glaubt er denn? Dass sie sich mit Mercedes anlegt? Die ist doch **eine Nummer zu groß** für sie.

Da kommt endlich Frau Klotzig zurück. »Ach, Schätzchen«, sagt sie mitleidig zu Millie. »Was hat man denn mit dir gemacht?«

Man? Das war Mercedes! Und Schätzchen darf Frau Klotzig sie auch nicht nennen. Das darf nur Mama!

Millie zieht die Taucherbrille vom Kopf. Mercedes lacht

wie blöd und zeigt mit dem Finger auf sie. »Jetzt hast du lauter Druckstellen um die Augen herum. Guck mal in den Spiegel! Du siehst aus wie ein Frosch.«

»Das genügt, meine Liebe«, sagt Frau Klotzig.

Aber Mario hat auch gegrinst!

Frau Klotzig schaufelt die weißen Zwiebelstücke und die Gurkenscheiben in eine hohe Plastikschüssel. Und sie hat so ein Rührdings mitgebracht. Einen Zauberstab. Aha.

Das ist ja wie Hexerei! Ratzfatz wird aus den Zutaten in der Schüssel der grüne Gurken-Drink, den Marios Mutter nun in hohe Gläser füllt. Jeder bekommt ein Glas mit Strohhalm und einer eingeritzten Scheibe Sternfrucht serviert. Auch Herr Klotzig, der immer noch am Grill steht. Gurken-Dingsbums schmeckt nicht so gut wie gegrillte Würstchen. Gurken-Dingsbums schmeckt schrecklich gesund.

»Und bevor wir uns gleich unserer süßen Sommersuppe widmen, soll Millie sich mal die Geschenke ansehen, die Mario bekommen hat.«

»Damit kann die Kleine doch nichts anfangen«, trillert Mercedes. »Sie weiß doch gar nicht, was Simon Challenge ist oder Mastermind.«

Weiß Millie doch. Seimen-Schellen ist ein … Und Mazda-Mein ist ein …

Endlich ist Mario mal der Mittelpunkt. Erleichtert läuft er vor ins Haus und in sein Zimmer.

Oha. Mario hat sogar einen eigenen Computer bekommen.

»Guck mal, was man damit machen kann«, sagt er und hockt sich auf seinen silber-schwarzfarbenen Bürostuhl. Millie steht rechts hinter ihm und Mercedes links. Sie stützt sich mit einem Arm ganz locker auf der Stuhllehne ab.

»Du musst Google anklicken«, erklärt Mario. »Und jetzt guck mal. Ich gebe das Wort *pupsen* ein. Da staunst du, was? Sofort kriegst du über viertausend Hinweise geliefert.«

Tatsächlich.

Warum wir Menschen pupsen müssen.

Dürfen Frauen pupsen?

Pupsen ist gesund.

»Du bist ja ekelhaft«, sagt Mercedes. »Fällt dir nichts Besseres ein? Du bist so doof, so doof …«

Dann schaut sie sehr von oben herab auf Millie.

»Sag doch auch mal was und steh nicht nur dumm herum.«

Millie zuckt mit den Schultern. Sie kann doch nicht sagen, dass sie Mario doof findet. Das darf man nur denken.

Mercedes verzieht verächtlich das Gesicht. Sie tippt an ihre Stirn und weist mit dem Kopf auf Mario. Da muss Millie nicken, das muss sie einfach.

»Siehst du«, grölt Mercedes. »Die Kleine findet dich auch doof.«

»Ist mir doch egal«, erwidert Mario und hört nicht auf, schräge Wörter in seinen Computer einzugeben, *rülpsen* und *popeln* zum Beispiel. »Ich finde euch auch beknackt. Alle beide.«

»Komm, Millie«, sagt Mercedes nun. »Wir kümmern uns um die Bowle und die Sommersuppe. Wir sind wenigstens nützlich.«

Und wann gibt es endlich die Würstchen?

»Ach, da seid ihr ja«, ruft Frau Klotzig. »Ich habe die süße Sommersuppe schon vorbereitet.«

Marios Mutter hat eine Getreide-Wasser-Suppe gekocht. Jetzt darf Millie Honig hineinträufeln und Mercedes frisch gepressten Zitronensaft. Und nun soll da Buttermilch rein? Die ist doch auch sauer!

»Aber Schätzchen«, sagt Frau Klotzig und beruhigt Millie: »Es kommen ja noch Beeren, Kirschen und Pfirsiche dazu.« Damit die jetzt zermatscht

werden, drückt Frau Klotzig Millie den Zauberstab in die Hand. »Zeig ihr das mal«, bittet sie ihre Tochter. »Ich hole rasch die Teller für die Würstchen.«

Ach, dann gibt es ja bald was Richtiges zu essen.

»Du musst den Rührstab auf ganz schnell stellen«, sagt Mercedes und lacht sich eins.

Wie geht das ... schnell?

»Stufe drei!«

Stufe drei geht wirklich schnell. Schrumm, schrumm, schrumm. Leider ist Stufe drei nicht nur schnell, sondern sehr schnell. Die Beeren, Kirschen und Pfirsiche spritzen aus dem Topf, sausen hoch und fliegen – auf den Tisch, auf den Rasen und leider auch auf Millies T-Shirt. Mercedes lacht sich kaputt, aber Frau Klotzig kommt nach draußen gelaufen und schlägt entsetzt die Hände über dem Kopf zusammen. »Hast du ihr das nicht richtig gezeigt? Mein Gott, ich kriege noch einen Kreislauf-kollaps. Was ist passiert, Millie?«

»Stufe drei«, flüstert Millie ziemlich hilflos. »Ich sollte Stufe drei machen.« Hoffentlich bekommt Frau Klotzig nicht noch ihren Kreislauf-Klops.

Aber wie sieht Millie nun aus! Von Obst kriegt man **Obstflecken**. Das hat Millie schon hundertmal von Mama gehört. Das schöne Ringel-T-Shirt wird nicht mehr zu retten sein.

86

»Stufe drei?« Frau Klotzig schaut ihre Tochter streng an.

»Was sollte das?«

»Ich hab ja nur Spaß gemacht«, sagt Mercedes kleinlaut.

»Schöner Spaß«, meint Frau Klotzig. »Du rückst jetzt
sofort mit einem deiner T-Shirts raus. Wir haben doch
gestern einen Stapel gekauft. Also los, mach schon. Oder
vielleicht das lila Blüschen mit den Glitzerknöpfen.«
Mercedes mault zwar, aber sie gehorcht und stolziert
ins Haus.

»Da«, sagt sie, als sie zurückkommt, und reicht Millie
die Bluse. »Ist dir garantiert viel zu groß. Du wirst
völlig bekloppt drin aussehen. Die kannst du haben.
War sowieso ein Fehlkauf.«

Wieso denn das? Die lila Bluse ist einfach toll. Sie wird
Millie passen. Bestimmt.

Aber ob Mama damit einverstanden sein wird? Eher
nicht.

Also sagt Millie höflich: »Nein, danke. Das kann ich
nicht annehmen.«

Mercedes prustet heraus. Doch ihre Mutter drückt Millie
die Bluse einfach in die Arme. »Das ist schon in Ordnung«, sagt sie. »Du wirst wundervoll darin aussehen.
Und Mercedes hat gestern beim Shopping sowieso
übertrieben.«

Mercedes verdreht die Augen. Dann aber nimmt sie
Millie bei der Hand und zieht sie mit sich: »Komm.«
Wo geht es hin?
Zu den Würstchen!
Wie die riechen!
»Und wie die erst schmecken!«, sagt Herr Klotzig.
Er redet zum Glück nicht viel. Millie braucht mal eine
Sendepause.
Der leckere Geruch hat auch Mario von seinem Compu-
ter weggelockt. Ja! Essen macht Spaß!
Jetzt sitzen sie auf den schicken Gartenstühlen mit den
weiß-gelb gestreiften Polsterauflagen. Millie baumelt mit
den Beinen und isst ein Würstchen nach dem anderen.
Die sind ja nicht riesig!
Die süße Sommersuppe schmeckt tatsächlich süß und
gar nicht sauer. Und was ist mit der Drum-und-Dran-
Bohle? Die schimmert und glitzert auf dem Gartentisch
in leuchtenden Farben, rot, orange, gold und gelb.
Und wie die **mundet**! Die Drum-und-Dran-Bohle ist
Hagebuttentee mit Fruchtsaft, Erdbeeren und Apfelsinen. Weintrauben sind auch drin. Sehr lecker. Und
alles ohne Schnaps.
Danach ist der Bauch zum Platzen voll. Mario hat sich
wieder in sein Zimmer vor den Computer verdrückt.
Wahrscheinlich gibt er noch mehr schräge Wörter ein.

»Jetzt siehst du, wie doof der ist«, sagt Mercedes. »Wenn
ich zu meinem Geburtstag Party mache, dann werde ich
hundert Leute einladen«, fährt sie fort. »Hast du Lust,
auch zu kommen?«
Millie hat wohl nicht richtig gehört!
»Ich bin doch nicht dusselig«, traut sie sich zu sagen.
»Na, jetzt hast du's mir aber gegeben«, antwortet die
blöde Ziege. »Aber du kannst ja auch einen Treffer einstecken.«
Ach, so sieht die das! Austeilen und einstecken. Millie
ist nicht gerade geübt in so was. Muss sie das noch
lernen?
Lieber nicht.
Mercedes hat jetzt Millies Geschenk für Mario kassiert.

Sie hat ihren Gartenstuhl neben Millies gerückt und das Buch aufgeschlagen.

»Tolle Geschichte«, sagt sie.

»Wirklich?«

»Ja. Ist aber noch nichts für dich. Ist ab zehn Jahren. Eigentlich Babykram. Ich bin ja schon elf.«

Sie hält das Buch aber so, dass Millie auch einen Blick hineinwerfen kann.

Millie kann gut lesen. *Matilda* ist wirklich total spannend. Auch ein bisschen lustig. Besonders die Stellen mit der Knüppelkuh findet Mercedes **zum Quieken**.

Millie kann aber nicht ganz so schnell lesen wie Mercedes. Die ist immer eher unten auf der Seite.

»Bist du so weit?«, fragt Mercedes, bevor sie umblättert.

»Gleich …«, flüstert Millie, »… jetzt.«

Vielleicht ist Mercedes doch nicht immer eine blöde Ziege. Sie ist zickig, aber sie kann auch anders.

Als sie an der Stelle sind, wo die Knüppelkuh den Jungen mit dem scheußlichen kleinen Gesicht Kopfstand machen lassen will, schmeißt sich Mercedes vor Vergnügen fast weg. Nachdem sie sich wieder beruhigt hat und bevor sie erneut umblättert, fragt sie: »Was ist nun mit meiner Party? Kommst du oder kommst du nicht?«

»Ich will mal sehen«, sagt Millie. »Wann ist die überhaupt?«

»Ende des Jahres«, sagt Mercedes. »Ist noch lange hin.«

Eben. Bis dahin wird sie die Einladung an Millie längst
vergessen haben.

Leckeres Abendbrot für alle, die Stinkekäse mögen:

Käsebrot mit Birne

*Vollkornbrot passt am besten. Dünn Butter drauf und
mitteldick Käse. Gouda oder Emmentaler oder Edamer oder
sonst was. Es ist komisch: Am besten soll Stinkekäse sein.
Tilsiter. Sagt Mama. Aber ehrlich: schmeckt fast nur großen
Leuten!
Jetzt kommt's. Obendrauf bitte zwei halbe Birnen legen. Die
aus der Dose. Total lecker soll das Käsebrot sein, wenn man
Williams Christbirnen nimmt. Vorher abtropfen lassen.
Dann langsam mit Messer und Gabel essen. Ein Hochgenuss!
Meint Papa. Na ja, ein Hochgenuss für die, die Stinkekäse
mögen.
Dazu was Feines trinken. Millie findet Pfirsich-Maracuja-Saft
prima. Und Käsebrot mit Birne lässt sie links liegen.*

Die Preisverleihung

Die lila Bluse, die Mercedes rausrücken musste, zieht
Millie zum großen Schulfest an. Dem Sommerfest.
Aber vorher hat Millie noch viel zu tun. Denn die Kinder
sollen was zu essen von zu Hause mitbringen. Nicht für
sich selber. Für alle Leute!
Millie und Mama haben sich entschieden, Kartoffelsalat
zuzubereiten.
»Das ist doch ganz einfach«, meint Mama.
Ist es aber nicht!
Zuerst hat Mama einen Riesenberg Kartoffeln gekocht.
Anschließend darf Millie die Kartoffeln pellen. Damit
fängt **das Elend** schon an. Und die kleine Schwester
braucht nur zuzuschauen!
Wenn die Kartoffeln sich wenigstens ordentlich benehmen würden und man die Schale in einem Rutsch wie
eine Tapete abziehen könnte! Aber nee. Sie kämpfen um
jedes Stückchen Pelle. Die Kartoffeln wollen nicht ausgezogen werden, deshalb geben sie immer nur ein
Fitzelchen Schale her.
Was sind denn das für blöde Fitzelkartoffeln?

Außerdem haben sie Punkte.
»Das sind die Augen«, sagt Mama.
Das hat sich Mama jetzt aber ausgedacht. Oder? Gucken
die Augen Millie wirklich an?
Schauen sie **vorwurfsvoll**?
Weil Millie ihnen die Kleider
vom Leib reißt?
»Du hast zu viel Fantasie,
mein Schatz«, meint Mama.
Aber woher will sie denn
wissen, was die Kartoffeln
denken?

Endlich sind alle Fitzelkartoffeln nackt. Sie haben auch
keine Augen mehr, sodass Millie sie jetzt, ohne viel zu
überlegen, **in Stücke schneiden** kann. Die Hände
werden ganz schön klebrig.
»Das ist die Stärke, die in den Kartoffeln steckt«, erklärt
Mama. »Deshalb sind sie ja auch so gesund.«
Ach, so ist das. Na, dann wird Millie gleich zwei Portio-
nen davon essen. Wenn sie stark ist, kann sie sich besser
gegen Gus verteidigen.
Hände waschen.
Gurken schneiden.
Gurken in den Mund stopfen.
Brrr. Sauer.

Ach, noch ein Stückchen. **Sauer macht lustig.**

»Ich will auch Gurke habn!«, beschwert sich Trudel.

Bitte schön!

Oje, jetzt müssen die Zwiebeln geschnitten werden. Das soll Mama lieber machen. Aber der schießen auch gleich die Tränen in die Augen.

»Obwohl ich immer durch den Mund atme«, jammert Mama. »Und nicht durch die Nase. Aber gegen Zwiebeln kann ich nichts ausrichten, ich muss weinen und weinen und weinen.«

Davon kann Millie auch **ein Lied singen.**

Nun brauchen sie noch die Salatsoße. Am besten, man nimmt dicke, fette Majo. Aber aufgepasst! Wenn man zu viel von dem Salat isst, bekommt man Bauchschmerzen.

Millie darf die Schüssel mit dem Kartoffelsalat **dekorieren.** Zwölf Gurkenscheiben im Kreis legen. Zwei Gurkenstifte zeigen von der Mitte zur Seite.

Wie sieht das aus, Trudelchen?

»Ticktack-Uhr«, sagt die kleine Schwester.

Bravo!

Mama hat aber noch mehr im Sinn. Sie will Fliegenpilze **fabrizieren.**

»Pilze?«

Millie mag doch keine Pilze!

»Wart's ab«, beruhigt Mama sie.

Millie muss jetzt **ein Dutzend** Eier mit dem Eierpik anstechen. Das macht Spaß! Kein Ei geht kaputt! Das soll ihr mal einer nachmachen!

Vorsichtig lässt Mama die Piks-Eier ins kochende Wasser gleiten. Vor Trudel hat sie die Eieruhr hingestellt. Eine Eieruhr ist eine Sanduhr, die aussieht wie eine Frau ohne Kopf, aber mit Wespentaille. Oben Busen, unten Popo.

»Jetzt musst du die Eieruhr umdrehen«, fordert Mama die kleine Schwester auf.

Trudel legt die Uhr flach hin.

»Nein, Schätzchen«, sagt Mama. »Stell sie auf den Kopf.«

Trudel versucht jetzt, die Eieruhr auf ihrem Kopf zu balancieren. Das klappt aber nicht.

»Fällt immer um«, beklagt sie sich.

Da müssen Mama und Millie lachen, und Millie zeigt Trudel, wie man das richtig macht.

Toll sieht das aus, wenn der Sand durch die kleine Öffnung zwischen Eieruhr-Busen und Eieruhr-Popo rieselt.

Nachdem Millie die fertig gekochten Eier von ihrer

Schale befreit hat, bekommen sie ein Dach aus einer
halben Tomate. Damit die Pilze nicht umkippen, hat
Mama eine dünne Scheibe Ei
unten abgeschnitten.
Daraus zaubert sie die weißen
Pünktchen, die auf das rote Dach
vom Fliegenpilz gehören. Sieht
superklasse aus.

Als sie schließlich alle zur Schule marschieren, muss
Papa die große Schüssel mit dem Kartoffelsalat tragen,
und Mama bemüht sich, das Tablett mit den Fliegen-
pilzen schön gerade zu halten.
Das Wetter ist herrlich. Über dem Schulhof baumeln
Girlanden von Kastanienbaum zu Kastanienbaum.
Nicht nur die Grundschüler, sondern auch die älteren
Jahrgänge, die im Gebäude gegenüber untergebracht
sind, nehmen am Schulfest teil. Deswegen laufen sich
Millie, Jocko, der Uhu und auch Mercedes dauernd über
den Weg.
Frau Heimchen hat heute **gute Laune**. Sie strahlt mit
der Sonne um die Wette. Wahrscheinlich freut sie sich,
dass all die leckeren Sachen nicht in der Schulküche ge-
kocht werden mussten.
Das mitgebrachte Essen wird auf dem Fest verkauft.
Jeder muss dafür bezahlen, auch die Kinder. Das Geld,

das eingenommen wird, soll für einen neuen Farb-
anstrich in der Aula verwendet werden.

Viele Kinder haben Salat mitgebracht. Aber keiner ist so
schön wie Millies Kartoffelsalat. Na ja, der Nudelsalat
von Mario und Mercedes ist mit roten und grünen
Paprikastreifen verziert. Das sieht zugegebenermaßen
gut aus. Und zur Zierde stecken auch noch kleine
Papiertütchen mit Fransen am Rand.

»Wozu?«, will Millie wissen.

»Das ist cool«, sagt Mercedes schnippisch. »So machen
es die Profis.« Aha.

»Trudel ist auch ein Poofi«, sagt Millies kleine Schwester.
Dabei weiß sie gar nicht, was das ist.

»Aber Gurkenuhren sind einfach Babykram«, meckert
Mercedes und zeigt auf die Schüssel mit Millies Kartoffelsalat. »Das ist vielleicht albern«, fügt sie noch hinzu,
bevor sie mit hoch erhobenem Kopf davonschreitet.

Mercedes ist doch eine blöde Ziege.

Der Tisch mit dem **kalten Büfett** biegt sich fast
unter der Last der vielen Schüsseln und Platten. Dicht
gedrängt stehen Salat an Salat neben roter Grütze mit
Vanillepudding, Schokoküssen und Blaubeer-Muffins,
Bleche mit Obstschnitten, Streuselkuchen und Mohn-
streifen. Millie läuft schon das Wasser im Mund zusammen.

Würstchen gibt es auch auf dem Schulfest, aber nur Heißmacher-Würstchen. Gus und Wulle stehen dort am Stand und verkaufen sie. Auch Getränke.

»Wer möchte eine Apfelsaftschorle? Mit Pfand und ohne«, ruft Gus. »Alle mal herkommen, hier gibt es heiße Würstchen zu kaufen. Mit Senf und ohne.«

Millie trennt sich von Mama, Papa und Trudel. Jeder darf auf dem Fest alleine herumlaufen, über den Basar schlendern, in das Spielzelt gehen und an den Würstchenstand.

»Habt ihr auch Ketchup?«

»Ja«, sagt Gus. »Ketchup kostet fünfzig Cent mehr.«

»Dann nehme ich ein Würstchen ohne Ketchup«, sagt Millie. »Aber mit Brötchen.«

»Mit Pfand macht das dann zwei Euro«, sagt Gus.

»Pfand? Wofür?«

»Fürs Brötchen.«

»Aber ich bringe das Brötchen doch nicht zurück.«

»Dann kostet es doppelt Pfand«, behauptet Gus.

Millie kann Gus nicht folgen. Das ist ihr zu kompliziert. Lieber kauft sie ihr Würstchen bei Wulle. Bei dem ist das Pfand umsonst!

Noch bevor Millie in ihr Würstchen gebissen hat, sind Jocko und der Uhu an ihrer Seite. Die kommen im Galopp an, sobald sie Millie entdeckt haben.

100

Jocko zückt schon wieder sein Fotohandy. Knips, knips, knips. Lass das mal, Jocko! Wie soll Millie denn so in Ruhe ihr Würstchen essen?

Ach, und da ist auch Kucki. Sollen sie jetzt alle zusammen in die Mal-Werkstatt gehen?

Kucki wedelt aufgeregt mit den Händen. »Zu spät«, sagt sie. »Gleich ist doch die Preisverleihung. Hast du das vergessen, Millie?«

Ach ja, das hat Frau Heimchen ihnen heute Vormittag erzählt. Aus jeder Klasse werden vier Schüler ausgezeichnet. Für besondere Leistungen.

Was könnte das sein?

Alle Grundschüler versammeln sich in der Aula, die nun hoffentlich bald neu gestrichen werden kann. Millie würde Sonnengelb nehmen.

Die Preise werden von der Rektorin verliehen, die mit den rot gefärbten Haaren und den vielen Falten auf der Stirn. Sie hat auch aufgemalte rote Augenbrauen. Ob sie sich die Striche jeden Morgen neu anmalt?

Bei der Preisverleihung sind alle dabei, die Eltern, die Geschwister und auch sämtliche Schüler.

Frau Heimchen liest die Namen der Preisträger vor und die Rektorin verteilt Tragetaschen. Es gibt dicke, mitteldicke, dünne und ganz dünne Tragetaschen. Was mag sich in diesen Taschen verbergen?

Da die Rektorin mit den vierten Klassen anfängt, müssen die Schüler aus der zweiten lange warten. Mannomannomann, vor Aufregung muss Millie schon aufs Klo. Aber wahrscheinlich ist all die Aufregung umsonst. Jedenfalls fällt Millie nichts ein, wofür sie ausgezeichnet werden könnte.

Gus und Wulle sind in der vierten Klasse. Aber sie bekommen keinen Preis.

Gus stampft mit dem Fuß auf. »Schittischittibängbäng«, sagt er.

Wulle macht sich nichts daraus, leer ausgegangen zu sein.

Inzwischen hat Millie aber gesehen, was sich in den Tragetaschen befindet. Dick: vier Bücher. Mitteldick: drei Bücher. Dünn: zwei Bücher. Und ganz dünn bedeutet: ein einziges Buch.

Na ja.

Jetzt ist Millies Klasse endlich dran.

Die dicke Tasche bekommt Danny.

Wofür?

»Danny verhält sich vorbildlich in der Klasse. Er ist ruhig, arbeitet konzentriert und deswegen sind seine Leistungen auch hervorragend.«

Puh.

Mitteldicke Tasche?

»Mario.«

Was? Millie hat wohl nicht richtig gehört.

»Mario fällt es nicht ganz leicht, Kontakte zu knüpfen.
Aber er gibt nicht auf. Wir wollen ihn mit der Auszeichnung ermutigen.«

Mario hat einen roten Kopf bekommen. Er stolpert fast
über seine eigenen Füße, als er nach vorne läuft. Er sagt
nicht einmal *Danke schön*, so doof ist er.

Die Tasche mit den zwei Büchern bekommt Sülo.

Na, was hat der denn schon Besonderes gemacht?

Er ist ein Rechen-Genie.

Ja, weil sein Papa jeden Tag mit ihm übt. Der Vater will,
dass Sülo mal Professor wird.

Jetzt schwenkt die Rektorin die ganz dünne Tasche in der Hand und Frau Heimchen schaut in die Runde.

»Millie!«, ruft sie.

Wie? Was? Hat sie *Millie* gesagt?

»Ja!«, brüllt Kucki und boxt Millie in die Seite. » Mensch, lauf nach vorne und hol dir den Preis ab!«

Aber wodurch hat sich Millie den verdient?

»Millie schreibt mit großer Freude Elfchen. Dichten ist nicht einfach und erfordert hohe Disziplin. Das ist eine besondere Gabe, die wir mit dieser Auszeichnung würdigen möchten.«

Millie hat das nicht alles verstanden, aber sie läuft fixefaxe nach vorne. Sie macht sogar einen Knicks vor der Rektorin.

»Danke schön«, flüstert sie. Und *ein* Buch ist besser als *keins.*

Was für ein Buch mag es sein?

Die ganze Bande kommt angeflitzt. Kucki und Jocko und der Uhu. Mario und sogar Mercedes. Ach, und Gus und Wulle interessieren sich auch für Millies Preis?

Jawohl!

Und was ist es?

Ein Kochbuch: *Kochen für Kinder.*

Pppfff.

»Geil«, sagt Mercedes. »Lass mal sehen.«

Da sind ja lauter Küchentricks drin!

Wie man Eier aufschlägt, ohne dass sie aus Versehen auf dem Fußboden landen.

Was Anschwitzen bedeutet und was eine Prise ist.

Wann sind Kartoffeln gar?

Warum müssen Pellkartoffeln abgeschreckt werden?

Damit sich die Schale leichter lösen lässt, Mama!

Geil.

Oh! Ist das Schulfest jetzt schon zu Ende?

Nein, nicht ganz. Bevor sie Adjöh und Guttbai sagen, dürfen alle Kinder zum Schluss Luftballons fliegen lassen. Luftballons mit richtig Gas drin.

Jeder, der will, kann eine Karte an die Luftballonschnur hängen. Mit seinem Namen drauf und der eigenen Adresse. Und wer möchte, kann auch ein Bild von sich aufkleben. Oder eins malen. Der Finder wird sich dann in das Bild verlieben und einen Brief schreiben. Aus dem Brief erfährt man, dass der Luftballon in China gelandet ist. Oder am Amazonas.

Millie hat kein Bild von sich dabei. Sie malt stattdessen ein Mondgesicht.

Punkt, Punkt,

Komma,

Strich,

fertig ist das Mondgesicht.

Ohren dran und Haar auf Kopf,

das ist Millie, Schwänzchenzopf.

Cool, nicht?

Flieg, mein Luftballon, flieg! Flieg bis zum Amazonas!

Na, der Ballon ist aber eine lahme Ente. Schafft er es überhaupt bis über die Kastanienbäume?

Ja, zum Glück. Dann wird er es auch bis zum Amazonas schaffen.

Das könnte Millie Tag und Nacht essen:
Hühnersuppe

Ein nacktes Huhn kaufen (ohne Federn) oder ein
halbes, das reicht für zwei große und zwei kleine Leute.
In einen großen Topf mit kochendem Salzwasser legen.
Eine ganze Zwiebel mitkochen lassen, aber ohne braune
Schale.
Zwei Mohrrüben klein schneiden, eine Porreestange
(das ist dasselbe wie Lauch) und ein Viertel einer
Sellerieknolle.
(Aus Sellerie kann man auch Selleriesellera = Selleriesalat
machen.)
Möhre, Lauch und Sellerie mitkochen lassen. Alles so lange,
bis das Huhn weich ist. Noch Petersilie drüberstreuen,
wenn man mag.
Das Gemüse kann man auch in einem Bündel kaufen, das

heißt dann Suppengrün. Zwei Bündel in die Suppe geben,
das geht auch.

Und wem die Hühnersuppe noch nicht kräftig genug
schmeckt, der kann zusätzlich gekörnte Hühnerbrühe
dazutun.

Fliegende Untertasse

Schon zwei Tage nach dem Sommerfest bringt der Uhu
Millies Luftballon-Karte mit in die Schule. Der Uhu hat
den zerfledderten Luftballon und die Karte mit Millies
Mondgesicht auf dem Bürgersteig gefunden.
Was?
Da hat ihr Luftballon ja gleich hinter dem Schulhof
schlappgemacht.
Muss der Uhu ihr jetzt einen Brief schreiben? Darauf
kann sie **aber locker** verzichten.

Blöd gelaufen!

Aber das Kochbuch, das Millie als Preis bekommen hat, liest sich wie eine spannende Geschichte. Es stehen einfache Sachen drin, nicht so was Kompliziertes wie: *Artischockencarpaccio mit gehobeltem Parmesan und gerösteten Pinienkernen an Olivenvinaigrette.*

Als Hinweis für ganz einfache Sachen ist das Rezept mit einer Kochmütze gekennzeichnet. Mit *einer* und nicht mit zwei oder drei Mützen.

In dem Kochbuch stehen auch viele Tipps drin, zum Beispiel, was man machen soll, wenn man sich die Finger am heißen Topf verbrannt hat oder wenn die Suppe zu sehr blubbert. Dass der Pfannenstiel nicht über den Herdrand ragen darf, ist schon klar. Da könnte Trudel dran ziehen und das wäre eine **Riesenkatastrophe**.

Bevor Millie mit dem Kochen loslegt, braucht sie eine Schürze. Nicht wahr? Sonst würde sie sich ja schon wieder ihr T-Shirt bekleckern.

Man braucht für die Schürze ein rot kariertes Geschirrtuch. So steht es in dem Kochbuch.

»Mama?«

»Jaja«, sagt Mama. Sie weiß, wie man aus dem Geschirrtuch **im Handumdrehen** eine Schürze zaubern kann.

Jetzt sieht Millie schon aus wie ein **Profi**.

Profi, Trudel, nicht Poofi!

110

Zur Feier des Tages will Millie für heute Nachmittag
was Feines zubereiten. Obwohl es eigentlich nichts zu
feiern gibt.
Millie will Pfannkuchen machen. Wie das geht, ist in
ihrem neuen Kochbuch genau beschrieben. Und Pfannkuchen kann man auch nachmittags essen.
Der Tag ist heute aber doch besonders, weil Papa zu
Hause herumpusselt, obwohl es ein ganz normaler
Donnerstag ist. Papa muss sich auf eine große, weite

Reise vorbereiten und alles Mögliche zusammenpacken.
Aber bitte leise, Papa! Die kleine Schwester hält noch
Mittagsschlaf. Mama ist zu Frau Morgenroth gegangen,
um mit ihr **Termine** abzusprechen. Weil Mama und
Millie und Trudel Papa von der großen, weiten Reise
abholen werden und dann ebenfalls eine Zeit lang von
zu Hause weg sind. Frau Morgenroth soll die Blumen
im Haus gießen und die blöde Werbung aus dem Brief-
kasten nehmen.

Millie trägt ihre Profi-Schürze und hat für den Pfannkuchenteig alles bereitgestellt: Schüssel, Eier, Milch,
Mehl und Zucker. Pfannenwender! Und den Schnee-
besen, der ein schönes, klippklappriges Geräusch
machen kann. Wie man die Eier ohne Unfall aufschlägt,
steht ja auch in dem Kochbuch.

Klippklapp, klippklapp, klippklapp. Schon ist der Teig
fertig gerührt.

»Wenn du Hilfe brauchst, sag Bescheid«, meint Papa. Er
ist immer in der Nähe. Kann er etwa auch Pfannkuchen
backen?

»Na, was denkst du denn!«

Sieh mal einer an. Aber heute wird Millie die Pfannkuchen machen.

Bevor sie die Herdplatte andreht, muss die Dunstabzugshaube angestellt werden. Da kommt Millie nicht

ran. Auf einen Stuhl steigen ist gefährlich. Da kann man runterplumpsen. Das hat Mama Millie **schon tausendmal** gesagt.

Papa kommt an den Knopf von der Esse. Aha. Das Wort *Esse* gibt es also doch! Hat es vielleicht was mit *essen* zu tun? Darüber wird Millie noch mal nachdenken. Jetzt hat sie keine Zeit dazu.

Oha. Die Dunstabzugshaube funktioniert nicht. Sie rauscht zwar und dröhnt, **was das Zeug hält,** aber das Gitter mit den Rauf-und-runter-Klappen an der Außenwand hat sich verklemmt.

»Schöner Mist«, sagt Papa. »Ausgerechnet heute muss ich das reparieren.«

Ja, Papa.

In der Mischmasch-Schublade der Küchenzeile findet Papa ein kleines Ding, das er für die Reparatur gebrauchen kann. Einen Schraubendreher. Dann trägt er die Küchenleiter mit den zwei Stufen nach draußen. Auf der kann Papa bis an das Gitter heranreichen. Aber der Schraubendreher passt nicht. Papa legt das kleine Ding zur Seite und geht in den Keller, um sich das richtige Werkzeug rauszusuchen.

Millie geht mal mit. Die Haustür kann ja wohl einen Moment lang offen stehen.

Es dauert ein Weilchen, bis Papa meint, den geeigneten

Schraubendreher gefunden zu haben. Nun erklimmt er die Küchenleiter zum zweiten Mal und fummelt mit dem großen Ding an dem Rauf-und-runter-Gitter herum. Ja, jetzt funktioniert es. Die Klappen lassen sich wieder bewegen, rauf und runter, rauf und runter.

Alles paletti.

Papa kann die Leiter und das Werkzeug wieder wegräumen. Doch er vermisst das kleine Ding, den Schraubendreher aus der Mischmasch-Schublade. »Wo hab ich den nur hingelegt? Wo hab ich den gelassen? Bin ich denn so schusselig?«

Na, irgendwo wird das Ding schon sein. Wird sich bestimmt wieder auffinden, Papa!

Von der ganzen Aktion hat Mama gar nichts mitbekommen. Sie kommt von hinten durch die Terrassentür zurück ins Haus.

»Schläft Trudel noch?«, ist ihre erste Frage.

Bestimmt. Von der kleinen Schwester ist nichts zu sehen und nichts zu hören.

Mama öffnet leise die Tür zum Kinderzimmer. »Na, so was«, sagt sie.

Trudel ist nicht mehr in ihrem Bett. Die Decke ist zurückgeworfen und im Zimmer hat sie sich auch nicht versteckt. Wo kann die kleine Schwester sein? Ist sie ins Schlafzimmer von Mama und Papa gelaufen?

Oder ins Badezimmer? Ob sie Papa und Millie in den Keller gefolgt ist? Aber das müssten sie doch gemerkt haben!

»Und das Ding ist auch weg«, wagt Millie zu sagen.

»Was?«, fragt Mama ziemlich zerstreut, aber das Ding interessiert sie jetzt nicht. Sie hat gerade das Nachthemd auf dem Kinderstuhl vorm Maltisch entdeckt. Die Sachen, die die kleine Schwester vormittags anhatte, liegen aber auch noch da: Hemdchen, Höschen, Pulli und Latzhose.

Wie ist das möglich?

»Trudel!«

»Truuudel!«

»Truuuhuuudel!«

Papa und Mama sehen sich an. Keiner sagt jetzt was. Dann flitzen sie wie auf Kommando los, ab nach draußen. Millie rennt mit.

Ist Trudel abgehauen? **Das darf doch wohl nicht wahr sein!**

»Trudel!«

»Truuudel!«

»Truuuhuuudel!«

Da! Dahinten läuft die kleine Schwester. Zum Glück auf der für Autos gesperrten Zufahrt, die vor den Häusern entlangführt.

»Trudel!«

»Truuudel!«

»Truuuhuuudel!«

Hat die kleine Schwester keine
Ohren? Sie läuft einfach weiter.
Und wie sie aussieht!
Die kleine Schwester marschiert
splitterfasernackt in der Welt-
geschichte herum. Nur an den
Füßen trägt sie ihre rosa
geblümten Gummistiefel.
Das sieht ja **zum**
Piepen aus.

»Trudel!«

»Truuudel!«

»Truuuhuuudel!«

Nix zu machen. Mama rennt. Papa rennt. Millie rennt.
Mit einem Mal hält die kleine Schwester inne. Wie
vom Donner gerührt. Sie dreht sich aber nicht um,
sondern schaut gebannt auf den Boden.
Was ist da auf der Erde zu sehen? Was hat Trudelchen
gestoppt?
Eine kleine Maus!
Eine süße, kleine, graue Mausimaus. Die hat sich Trudel
einfach in den Weg gestellt. Rennt hierhin und dorthin.

»Maus!«, sagt Trudel, zeigt mit ihrem Finger auf das niedliche Tierchen und strahlt alle an.

Mama geht in die Hocke. Umarmung.

Küsschen, Küsschen.

»Maus!«

Aber die kleine Maus hat jetzt die Kurve gekratzt und ist im Gebüsch verschwunden.

»Warum bist du weggelaufen, Schätzelein?«

»Mama gesucht«, sagt Trudel.

Und was hält die kleine Schwester da in der Hand?

Das kleine Ding, das Papa vermisst hat. Den Schraubendreher, der in die Küchen-Mischmasch-Schublade gehört.

Damit jetzt alles ruck, zuck geht, erklärt Papa sich bereit, die Pfannkuchen zu Ende zu backen.

Mama, Millie und Trudel sitzen auf der Eckbank und schauen zu, wie Papa Millies Pfannkuchenteig mit einer Schöpfkelle in die Pfanne gießt.

»Goldgelb müssen sie werden«, murmelt Papa.

Na, da sind sie aber gespannt.

»Achtung«, sagt Papa. »Jetzt muss der Pfannkuchen gewendet werden.«

»Du willst doch wohl nicht …«, sagt Mama.

»Doch«, sagt Papa.

Was hat er vor?

»Geübte Köche …«, murmelt Papa, »… geübte Köche wenden den Pfannkuchen in der Luft. Man muss ihn nur wieder auffangen. Pfannkuchen-Trick.«

»Du willst doch wohl nicht …«, wiederholt Mama. Sie zieht aber schon den Kopf ein und legt ihre Hände schützend über Trudel.

Millie kichert. Na, das wird aber lustig aussehen, wenn der Pfannkuchen Papa auf den Kopf knallt.

Papa ruckelt die Pfanne hin und her. Der Pfannkuchen klebt nicht mehr fest, also kann es losgehen.

Papa hebt die Pfanne blitzschnell an, ein bisschen nach oben gekippt, ein Schubs … und der Pfannkuchen fliegt in die Luft. Dort dreht er sich wie durch Zauberei und landet prompt wieder in der Pfanne.

Bravo! Bravo! Bravo!

Das hat ja wie eine fliegende Untertasse ausgesehen!

Papa ist ganz verdattert. »Das hätte ich selber nicht gedacht.«

Millie ist von dem Pfannkuchen-Trick restlos begeistert.

»Ich will auch mal! Ich will auch mal!«

Mama schüttelt den Kopf.

»Ach, lass sie doch«, meint Papa.

Ja, lass sie doch! Millie hat nämlich genau zugesehen, wie das geht. Der Trick ist der kleine Schubs, damit die fliegende Untertasse Schwung bekommt.

Achtung!

Erst mal einen Kringel Öl in die Pfanne. Dann den Pfannkuchenteig von der Kelle reinfließen lassen. Wenn der Teig schon ziemlich fest ist, dann ruckel, ruckel, ruckel.

Millie schaut Papa an. Was meint er ... ist der Pfannkuchen fertig für seinen Flug?

Noch eine Sekunde.

Jetzt aber hopp.

Millie ergreift den Stiel der Pfanne mit beiden Händen. Sie hebt die Pfanne an. Genauso, wie sie es bei Papa gesehen hat. Dann mit Karacho hoch! Genau wie bei Papa. Ein Schubs ... und der Pfannkuchen fliegt und fliegt und fliegt. Genau wie bei Papa. Toll!

Aber dann findet der Pfannkuchen nicht mehr den Weg zurück in die Pfanne. Er haut einfach ab! Er reißt aus! Na, gibt's denn so was? Hast-du-nicht-gesehen landet die fliegende Untertasse mitten auf dem Tisch, direkt vor Trudels Händen.

Die kleine Schwester reißt ihre Arme hoch und schaut Millie erschrocken an.

»Das habe ich mir doch gedacht«, sagt Mama.

Aber dann lacht sie los und deswegen lässt Trudel ihre Arme auch wieder sinken. Wenn Mama sich amüsiert, kann sie auch ruhig lachen.

Papa grinst nur. Und Millie zieht ein wenig verlegen die
Schultern hoch. Ist ja nix passiert! Und da die fliegende
Untertasse nicht auf den Boden geklatscht ist, wird man
den Pfannkuchen wohl noch backen und essen können.
Ab in die Pfanne damit.
Ujuijuijuijuijui.
Noch mal gut gegangen. Was aber wäre gewesen,
wenn die fliegende Untertasse sich auf Mamas Kopf
geschmissen hätte?

Was Frau Morgenroth manchmal kocht und Millie
überhaupt nicht mag:

Grüne-Bohnen-Suppe

Entweder Schnippelbohnen nehmen oder Brechbohnen.
Schnippeln – das geht am besten mit den flachen, breiten
Bohnen und zum Brechen sollte man die runden, fleischigen
Bohnen nehmen.
Also entweder schnippeln oder brechen. In Salzwasser mit
Suppengrün (geputzt und zerkleinert), Kassler (mundgerechte
Stücke) oder Speck ungefähr eine Stunde kochen lassen. Dann
drei bis vier Kartoffeln in kleine Würfel schneiden und eine
halbe Stunde vor Schluss zusammen mit einem Brühwürfel
und Pfeffer hinzufügen.
Eine Zwiebel klein würfeln und mit durchwachsenen Speck-
würfeln goldgelb anbraten.
Einen Teelöffel Mehl hinzugeben und anschwitzen. Das nennt
man Mehlschwitze. Die Schwitze in die kochende Suppe geben.

Schließlich noch Bohnenkraut – am besten frisch – kurz mitkochen.

Fertig.

Soll nach jedem Aufwärmen besser schmecken. Aber nicht Millie und auch nicht Trudelchen.

Der Führerschein

Schon ist es Hochsommer. Kurz vor den Ferien muss
Millie noch einen Endspurt hinlegen. In die nächste
Klasse schafft es nämlich nur, wer in der zweiten den
Füllerführerschein bestanden hat.
Die Sache mit dem Füllerführerschein ist gar nicht so
einfach. Mit Bleistift schreiben geht noch einigermaßen
gut. Man kann radieren!
Aber wenn man mit Füller schreibt, muss man
höllisch aufpassen, damit kein Fehler passiert. Frau
Heimchen hat es nicht gern, wenn man Tintentod
benutzt. Sie **toleriert**
es höchstens bei den
Hausaufgaben.
Und sie verlangt,
dass alle ihre Schüler am Ende der zweiten Klasse
sauber arbeiten können.
Ach, Frau Heimchen, je mehr man aufpasst, desto
nervöser wird man doch. Millie ist schon ganz
kribbelig, als der Bogen, den man für den Führerschein
ausfüllen muss, ausgeteilt wird. Sie hat aber lange auf

den Übungsblättern geübt. Und geübt und geübt.
Wochenlang!

Zeige, wie gut du schon mit dem Füller schreiben kannst,
steht auf dem Prüfungsbogen, der vor Millie liegt.

Schreibe dazu die Sätze und Reime mit deinem Füller ab.

Viel Spaß!

Also, Spaß macht das nicht gerade. Denn Millie weiß,
worauf es ankommt. Auf fehlerloses und sauberes
Schreiben. Das bereitet ihr richtig **Stress**!

Lahme Lamas laufen langsam landeinwärts.

Manno, die Wörter fangen ja alle genauso an. Aufpassen,
Millie! Großes Ell und kleines Ell!

Käsefuß, Apfelmus, Fußballspieler, Eiswürfelkühler, Hänge-
bauchschwein.

Fuß mit Esszett! Mus ohne Esszett!

Die Giraffe sitzt im Strandkorb und schreibt Postkarten.

Denn sie hat ja schon den Füllerführerschein.

Die Giraffe hat's gut. Sie hat schon alles hinter sich.
Name drauf: Millie Heinemann.

Es ist noch genügend Zeit, sich den Prüfungsbogen
sorgfältig durchzulesen. Hat sie *Eis* tatsächlich ohne
Esszett geschrieben? Hat sie die Pünktchen auf Ü und
Ä auch nicht vergessen? Dass Millie mit dem Wort *sitzt*
nicht ganz klargekommen ist, wird Frau Heimchen
hoffentlich nicht merken. Millie hat das erste Teh vor

dem Zett etwas einquetschen müssen. Sie weiß auch
nicht, warum das Teh notwendig ist. Wenn man es
weglassen würde, könnte man das Wort doch genauso
aussprechen.
Steht noch was auf der Rückseite vom Blatt? Nee.
Da noch Zeit ist, kann Millie doch ein Elfchen dichten.

Vielleicht freut sich Frau Heimchen darüber.

Bitte wenden, schreibt Millie unten auf die Vorderseite.
Und das Elfchen für die Rückseite fließt Millie nur so
aus der Feder:

Himbeeren
Rote Johannisbeeren
Die Sonne lacht
Mein Herz geht auf
Sommer

Das ist ja wohl das schönste Sommergedicht, das Frau
Heimchen je gelesen hat. Oder? Hoffentlich ist die Tinte
trocken, bis die Bögen eingesammelt werden.
Ein paar Tage später verkündet Frau Heimchen **die**
Resultate. Wer bestanden hat, bekommt den Füller-
führerschein sogleich ausgehändigt.
Alle haben bestanden! Alle bekommen den Führer-
schein. Mit Stempel und Unterschrift.
Herzlichen Glückwunsch! Dieses Siegel bestätigt, dass du
deine Füllerführerschein-Prüfung erfolgreich bestanden hast.
Und alle sind auch in die nächste Klasse gerutscht.
Kucki und Millie haben ihren Füllerführerschein gut
und sicher in ihren Stiftemäppchen verwahrt. Dann ist
Pause, die letzte in diesem Schuljahr.

126

Noch einmal Gummitwist?

»Klar«, sagt Kucki. Sie ist die Hüterin vom Hüpfgummi, das aus drei langen Gummibändern zusammengeknotet ist. Es ist natürlich schon ziemlich schmuddelig. Macht nichts. Nach jedem Spiel rollt Kucki es ein und verstaut es in ihrem Ranzen.

Fürs Gummihüpfen brauchen sie mal wieder Mario.

Armer Mario. Aber so ist das nun mal.

Auf dem Weg zu ihrer Hüpfecke zieht Mario Millie am Arm. »He«, sagt Millie. »Anfassen kann ich nicht leiden.«

»Ja, aber ich muss dir was Wichtiges sagen.«

»Dann sag es. Aber nicht anfassen.«

Was wird Mario ihr schon Wichtiges zu sagen haben?

»Ich soll dir was von Mercedes ausrichten.«

Häh? Was will die blöde Ziege denn von Millie?

»Ich soll dich was fragen.«

»Dann frag doch.«

»Ob du den Kochkurs mitmachen willst?«

»Was für einen Kochkurs?«

»An dem Mercedes teilnehmen will.«

»Nee, mach ich nicht.«

Warum nimmt sie denn Mario nicht mit zum Kochkurs?

»Keine Lust«, sagt Mario und fügt hinzu: »Da machen ganz viele aus der fünften Klasse mit.«

»Jocko auch?«

Mario nickt. »Ich glaube, ja. Und dieser andere.«

»Der Uhu?«

Mario nickt noch einmal.

Der Uhu und Jocko … na, das kann ja was werden.

»Also, was soll ich ihr sagen? Machst du mit?«

Millie schüttelt wild den Kopf.

»Wenn du dabei bist, dann gehe ich auch mit«, sagt
Mario.

Das fehlte Millie noch!

»Ich mache nur mit, wenn Kucki mitkommt.«

Kucki sagt, sie muss ihre Mama und ihren Papa fragen.

»Kostet das Geld?«

Mario hat keine Ahnung. »Das weiß meine Schwester«,
sagt er und an Millie gewandt: »Die ruft dich sowieso
noch an. Wenn du mitmachst, dann sag ihr, dass ich
auch dabei sein soll.«

Wieso das denn?

»Ich denke, du hast keine Lust.«

Mario sagt nichts mehr. Stumm zupft er sich das
Gummiband um seine Knöchel. Ist er nun beleidigt?

Ist Millie doch egal.

Hops, hops, hops. Millie hüpft und Kucki isst ihr
Streuselstückchen. Mario guckt in die Ferne. Mehr
braucht er auch nicht zu tun. Nur da zu sein. Dass er

beim Schulfest einen Preis zur Ermutigung bekommen
hat, war zwecklos. Er hängt immer nur an Millies
Rockzipfel. Obwohl Millie fast immer Hosen trägt.
Rockzipfel sagt man bloß.
Die Sache mit dem Kochkurs
wird Millie sich zu Hause
überlegen. Mal sehen, was
Mama und Papa dazu sagen.
Und wenn es teuer ist, geht
das sowieso nicht. Wie viel ist
denn teuer? Millie muss ab-
warten, bis Mercedes anruft. Und jetzt hat es auch schon
zur letzten Stunde geklingelt.

Zum Schluss des Schuljahres macht Frau Heimchen
mit ihnen ein Spiel. So eine Art Scrabble. Es gilt,
neue schwierige Wörter zu erraten, die Buchstabe für
Buchstabe an die Tafel geschrieben werden. Wer am
schnellsten das Wort erkennt, der hat gewonnen. Und
wer die meisten Wörter weiß, die keiner kennt, hat auch
gewonnen.
Salzlauge.
Wer hat sich denn so was Schweres ausgedacht?
Frau Heimchen. Sie will damit nur ein Beispiel geben.
Und auf das Wort wäre auch keiner gekommen.
Wer anfangen soll, wird ausgelost.

Enemene, mingmang, knieptang, tingtang,
usebuse, ackedeier, eier, zweier, weg.
Sülo fängt an. Na, der hat keine Fantasie. Dem spukt
noch das Beispielwort von Frau Heimchen im Kopf
herum.
Laugenbrezel.
Das haben sie ratzfatz rausbekommen. Und wer hat's
erraten?
Mario hat's erraten. Jetzt ist er dran.
Klabautern.
Das ist kein einfaches Wort. Es ist ein Tu-Wort. Gehen
Tu-Wörter auch?
»Ja, aber nicht so schwierige«, sagt Frau Heimchen. Sie
weiß gar nicht, wie Mario auf das Wort gekommen ist.
Hat auch keiner rausbekommen.
»Hast du das irgendwo gelesen?«
Mario fällt nicht ein, wie er auf das Wort gekommen ist.
Er ist aber noch einmal an der Reihe. Heute ist wohl sein
großer Tag.
Klempner wird jedoch ganz schnell von Millie erraten.
Nun kann sie sich ein paar richtig gute neue Wörter aus-
denken. Die hat sie selber gerade erst gelernt. Alle ihre
neuen Wörter stehen in ihrem Kochbuch!
Köcheln.
Prise.

Dressing.

Passieren.

»*Passieren* ist, wenn was passiert ist«, protestiert Kucki.

»Das ist gar kein neues Wort. Das ist ein altes!«

Falsch, Kucki.

»*Passieren* ist Soße durch ein Sieb drücken«, verbessert Millie.

»Also …«, sagt Frau Heimchen, »… also Millie, das ist ja eher ein Teekesselchen. Und das ist doch ein anderes Spiel.«

Ja, aber Millie hat trotzdem die meisten nicht erratenen Wörter gewusst. Und eigentlich ist sie noch einmal dran. Sie würde dann das Wort *Giggelhüpf* erraten lassen. Oder heißt das anders? Und bekommt sie für die vielen neuen Wörter jetzt auch noch einen Wörterführerschein?

»Nicht mehr in diesem Schuljahr«, sagt Frau Heimchen.

In diesem Moment läutet die Schulglocke und die Ferien beginnen.

Hurra!

Ganz besonders lecker:
Gugelhupf

Wer will guten Kuchen backen, der muss haben sieben Sachen:
Eier und Schmalz, Butter und Salz, Milch und Mehl, Safran
macht den Kuchen gehl.
Gehl heißt gelb! Safran ist aber nicht notwendig, weil der
Gugelhupf durch die Eier gelb wird. Außerdem ist Safran
auch teuer!
Salz bitte nur eine Prise, das ist ein Schnippschnapp. Und
Zucker nicht vergessen! Für den Gugelhupf braucht man auch
noch Hefe, damit der Teig aufgeht. Das mit der Hefe ist nicht
einfach, das sollten Mama oder Papa machen. Am besten Oma.
Die kennt sich bestimmt gut aus. Der Hefeteig soll nämlich
Blasen schlagen. Wenn keine Blasen kommen und der Teig
nicht aufgeht, dann wird aus dem Teig gar kein Gugelhupf.
Dann wird daraus nix. Wenn er aber was wird, dann schnell

den Teig in eine Gugelhupf-Form füllen und eine Stunde im
Ofen backen.
Fertig.
Mit Puderzucker bestreut sieht der Kuchen besser aus als ohne,
nicht ganz so nackig. Und man kann auch eine Handvoll
Sultaninen in den Teig geben. Wenn man mag.
Sultaninen sind dasselbe wie Rosinen, nur größer.
Wer will, kann den Kuchen auch mit Schlagsahne essen.
Wie das schmeckt!
Gugelhupf: sehr, sehr fein.

Kralle

Leider vergehen die Ferien wie im Fluge und sind
schnell wieder vorbei. Und Papas große, weite Reise
ebenfalls. Mama, Millie und Trudelchen hatten aber auch
eine schöne Zeit. Sie haben Papa nämlich aus Afrika
abgeholt und viele unvergessliche Sachen erlebt.
Mit Löwen!

Die Schule fängt ganz locker an und schon in der
Woche drauf findet der Kochkurs statt. Millie hat
schließlich doch zugesagt. Der Kurs ist wohl nicht so
wie Schule, nur lernen, lernen, lernen. Er findet in einem
großen Hotel statt und soll **Spaß** machen.
»Es gibt auch viele Geschenke.« Damit hat Mercedes
Millie rumgekriegt.

134

»Und was ist mit Mario?«

»Na schön, dann nehmen wir den eben auch mit«, sagt Mercedes.

Aber so hat Millie das eigentlich gar nicht gemeint.

Mama hat alles Nötige mit Frau Klotzig besprochen.

Die Kosten **halten sich in Grenzen** und deshalb darf Kucki auch mitmachen. Nur Trudel kann nicht teilnehmen. Man sollte ja wenigstens lesen können, was in einem Kochbuch steht, und wissen, was *köcheln* bedeutet und *passieren* und so was alles. Außerdem befindet sich die kleine Schwester momentan in einer **Trotzphase**. So nennt man das, wenn jemand hin und wieder durchdreht. Trudel ist aber dabei, als Millie von den Eltern im Hotel abgeliefert wird.

Komisch, dass außer Millie, Kucki und Mercedes nur Jungs am Kochkurs teilnehmen, die halbe Klasse von Mercedes.

Nun aber aufgepasst. Jetzt geht es los. Kinder und Eltern dürfen auf den eleganten Sesseln in der Hotelhalle Platz nehmen. Der Chefkoch erscheint. »Ich heiße Peter Petersen.«

Huch. Doppelt gemoppelt!

Peter Doppelmoppel trägt einen weißen Schornsteinfeger-Anzug. Und um den Hals ein Tuch mit Knoten. Auf dem Kopf sitzt eine hohe Mütze.

So eine Kochmütze bekommen auch
die Kursteilnehmer. Millie angelt
sie aus der Tragetasche, die jedem
Kind ausgehändigt wurde.
Dort drin befinden sich auch die
Kochrezepte und eine Schürze.
Ach, sind das etwa die Geschenke, von denen Mercedes
gesprochen hat? Ist ja nicht viel.
Aber die Schürze sieht toll aus.
»Guck mal, Mama! Knallepink!«
Mama bewundert die Schürze
und Trudel ist neidisch. »Ich
will auch Knallpinke haben.«
Geht nicht, Trudelchen! Sie
wird aber schnell abgelenkt,
weil es in der Hotelhalle so

toll aussieht. Jetzt flitzt sie überall herum. Das macht
ihr einen **Heidenspaß**. Der schöne glänzende Mar-
morboden! Die goldenen Spiegel! Die haushohe Decke!
Die kleine Schwester juchzt vor Vergnügen. Aber dann
hat sie herausgefunden, dass laut schreien noch mehr
Spaß macht. Ihr Juchzer reicht ja bis in den Himmel
hinauf.
»Ihihihihihijuuuuuh!«

136

Zuerst erfreuen sich alle Leute an Trudels Ausgelassenheit.

»Ihihihihihijuuuuuh!«

Nun sehen die Leute aber bereits **irritiert** auf die kleine Schwester.

»Jetzt ist genug«, mahnt Mama auch schon.

»Ihihihihihijuuuuuh!«

»Trudel! Truuudel!«

Papa schnappt sich Trudel. Er redet auf sie ein.

»Ihihihihihijuuuuuh!«

»Das geht nicht! Hörst du? Das stört die Leute. Du musst *Entschuldigung* sagen.«

Trudelchen sieht ein wenig zerknirscht aus. »Sssuldigung«, sagt sie und schaut in die Runde.

Aber dann legt sie wieder los: »Ihihihihihijuuuuuh!«

Und: »Sssuldigung.«

Und so macht sie weiter:

»Ihihihihihijuuuuuh! Sssuldigung.«

»Ihihihihihijuuuuuh! Sssuldigung.«

Zum Glück müssen sich Mama und Papa jetzt verabschieden und dürfen erst gegen Abend wiederkommen.

»Sag *Tschüs,* Trudelchen.«

Trudel schmeißt sich auf den Boden. Sie wird sich noch den Kopf aufschlagen, Mama!

Nein, was für ein Geschrei! Die kleine Schwester will
Millie nicht alleine zurücklassen. Papa muss sich sehr
anstrengen, um Trudel aufzuheben und fest im Arm zu
behalten. Millie weiß aber **erfahrungsgemäß**, dass
sich die kleine Schwester draußen sogleich beruhigt
haben wird.

Und außerdem ist Millie hier ja gar nicht allein. Kucki
ist bei ihr. Und der Uhu lümmelt sich sowieso immer
in ihrer Nähe herum. »Wollen wir bei der Arbeit neben-
einandersitzen?«, fragt er.

Sitzen? Sie müssen die ganze Zeit stehen! Köche arbeiten
immer im Stehen. Man sollte bequeme Schuhe tragen.
Auch weil man die ganze Zeit hin und her laufen muss.
Vom Vorratsschrank zur Arbeitsplatte, von da zum Tisch
und von dort zum Herd und zurück zur Arbeitsplatte.
Daran haben eigentlich alle gedacht, nur Mercedes nicht.
Sie trägt silberfarbene Flipflops mit Glitzersteinen auf
den zwei Riemchen.

»Von Sunshine Girl«, sagt sie.

Pfff.

Ihre langen Haarsträhnen hat sie mit einer Sonnenbrille,
auf denen Herzchen kleben, **in Schach** gehalten.

»Von Girlie.«

Pfff, pfff.

Die Flipflops gehen allen auf die Nerven, weil Mercedes

nicht rucki, zucki vom Herd zur Arbeitsplatte und zurück laufen kann. Schlurf, schlurf, schlurf und schlapp, schlapp, schlapp. Das ist vielleicht ein blödes Geräusch!

Und dann rutscht Mercedes auch noch aus, verliert einen Flipflop und stößt sich an der Möhrenkiste den großen Zeh. Jetzt hüpft sie auf einem Bein.

»Uhhh«, jammert sie. »Gibt es in dieser bescheuerten Küche wenigstens einen Erste-Hilfe-Kasten?«

Ja! Peter Doppelmoppel verarztet Mercedes sofort mit einem Pflaster. Jetzt passt ihr Fuß nicht mehr richtig in den Flipflop und Mercedes darf sich neben dem Herd auf eine Möhrenkiste setzen und den anderen bei der Arbeit zuschauen.

Möhren schaben.

Apfelsinenschalen reiben.

Saft auspressen.

Ingwer schälen.

Geflügelbrühe aufkochen und dann köcheln lassen.

Köcheln!

Was soll das werden?

»Ein Möhren-Orangen-Latte-Macchiato«, erklärt Peter Doppelmoppel.

Das soll man sich merken können? Eine Möhren-Orangen-Latte-Matte?

»Da sind viele wertvolle Nährstoffe drin«, behauptet der Koch. »Ihr müsst beim Kochen Folgendes bedenken: Alles, was in den Lebensmitteln steckt, geht direkt in uns rein. Tut uns gut oder tut uns nicht gut.«

Aha.

Millie schabt die riesigen Möhren. Es darf nur das Innen übrig bleiben. Am Außen haben ja die Regenwürmer schon geleckt und die Maulwürfe sich den Bauch gescheuert.

Die ganze Möhrenkiste ist rappelpappelvoll. Das bedeutet einen Riesenberg Arbeit!

Der Tisch ist eigentlich zu hoch für Millie. Aber sie kann die Arme auf der Platte abstützen. Das hilft beim Schaben der hunderttausend Mohrrüben.

Neben ihr steht Kucki. Sie ist dazu verdonnert worden, die Schalen von den Apfelsinen abzureiben.

Kucki ist die Kleinste von allen Teilnehmern. Deshalb hat Peter Doppelmoppel ihr eine Gemüsekiste hingestellt. Mit dem Podest ist Kucki fünfzehn Zentimeter größer geworden, was ihr sehr gut gefällt. Sie strahlt über ihr ganzes Honigkuchenpferd-Gesicht.

Der Uhu wollte unbedingt neben Millie stehen, aber die Hilfsköche auf der anderen Seite des Tisches sollen ihm beibringen, wie man Zwiebeln richtig schneidet. Dort drüben wird schon das Hauptgericht vorbereitet.

Wie heißt das?

»Maispoularde in Schoko-Würz-Sauce mit Maronen-
Nussbällchen, mein Kind«, sagt Peter Doppelmoppel.

Für das Marion-Pullerhuhn braucht man Zwiebeln.

Das ist ja interessant! Millie kommt mit ihren Möhren
nur langsam voran, weil sie immer wieder einen Blick

hinüberwerfen muss. Sie will den
Zwiebelschneide-Trick, den
der Uhu beigebracht be-
kommt, auch lernen.
Dann braucht sie in Zukunft
keine Taucherbrille mehr.
Zwiebel halbieren.
Kralle machen.
Kralle machen heißt, dass man die Finger wie ein Adler
in die Zwiebel krallt. Dann rutscht sie nicht weg und
man schneidet sich auch nichts vom Finger ab.
Klasse! So geht das also. Kralle!
»Alles klar?«, fragt Peter Doppelmoppel.
Ja, jetzt weiß Millie Bescheid.
Der Chefkoch ist zufrieden. Er hat alles im Blick. Er hat
auch gesehen, dass sich Mercedes auf ihrer Kiste lang-
weilt. Er schiebt ihr eine Schüssel mit Smarties hin. Die
gehören aber doch zum Nachtisch! Es soll Bello-Burger
geben, Börger mit Lebkuchentalern, Himbeersoße,
Schmand und Smarties.
Pass bloß auf Mercedes auf, Peter Doppelmoppel! Die
blöde Ziege bringt es glatt fertig, die ganze Dekoration
für den Nachtisch aufzufuttern. Sie hat ja nichts Besseres
zu tun.
Und noch einer tut die ganze Zeit über nichts. Das ist

Jocko. Er springt nur herum und macht mit seinem
Handy Fotos.

»Kannst du nicht auch mal helfen?«, wagt Mario zu
fragen. Mario muss nämlich winzige Kartoffeln schälen.
Das ist eine Schweinearbeit!

»Einer muss doch die Fotos zur Erinnerung schießen«,
verteidigt sich Jocko. »Außerdem muss ich meinem Vater
simsen, was ich gerade mache. Dann simst er mir zurück
und das muss ich ja auch noch lesen.«

Mario seufzt. Gegen Fünftklässler kommt man nicht an.

Jocko soll ruhig knipsen und simsumsen, findet Millie.

»Er muss uns von den Fotos aber Abzüge machen.
Damit wir ein Andenken haben.«

Und weiter mit der Arbeit.

Möhren schaben.

Apfelsinenschalen reiben.

Saft auspressen.

Ingwer schälen.

Peter Doppelmoppel stellt inzwischen schon mal einen
großen Topf für die Latte-Matte auf den Herd.

Hühnerbrühe reingießen.

Köcheln lassen.

»Woraus wird Hühnerbrühe eigentlich gemacht?«, fragt
Mario.

»Na, aus Hühnern natürlich«, sagt Millie.

Mario hat einen ziemlich kleinen Kopf.
Seine Kochmütze rutscht ihm von
Zeit zu Zeit über die Augen. Er kommt
mit seiner Arbeit nicht recht voran, weil
er die Mütze ständig mit dem Unterarm
hochschieben muss. Schlups und flups,
ist sie wieder runtergesaust. Mario
versucht mit vorgeschobener Unterlippe
die Mütze hochzupusten, aber vergebens.

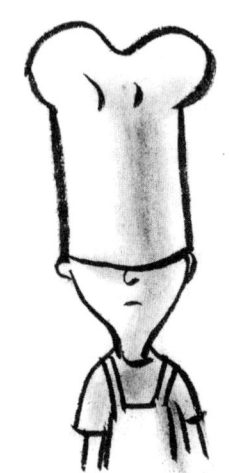

»Setz sie doch einfach ab«, rät Millie ihm.
Mario sieht sich unsicher um. »Wenn ich das darf ...«,
sagt er.
Wer will ihm das denn verbieten? Manno. Soll Millie
ihm jetzt auch noch die Mütze abnehmen?
Endlich schafft Mario es, die Kochmütze zur Seite zu
legen.
Schon besser, nicht wahr?
Und keiner hat ihn angemeckert. Nicht mal seine
Schwester achtet auf ihn. Die ist nur damit beschäftigt,
die Schüssel mit den Smarties **langsam, aber stetig**
zu leeren. Und was ist mit der Deko für die Bello-
Börger?
»Weißt du was?«, fragt Mario plötzlich.
»Nee«, sagt Millie.
»Weißt du, was ich manchmal denke?«

144

»Nee«, sagt Millie wieder.

»Manchmal denke ich, ich wäre ein Findelkind.«

»Was ist das denn?«

»Na, gefunden oder so. Vor die Tür gelegt.«

»Wie kommst du denn darauf?«

»Ich passe doch gar nicht in meine Familie. Oder was meinst du?«

Millie zuckt mit den Schultern. Möglich wäre es schon.

»Glaubst du, dass du auch ein Findelkind bist?«, will Mario von ihr wissen.

»Nö«, sagt Millie. »Eigentlich nicht. Ich komme aus dem Bauch meiner Mama.«

Mario sagt eine Zeit lang nichts. Dann: »Ich denke, ich komme aus einer ganz anderen Familie. Aber sag's niemandem. Das ist mein Geheimnis.«

In Ordnung. So toll findet Millie es allerdings nicht, mit Mario ein Geheimnis zu teilen. Ausgerechnet mit Mario! Sie nickt trotzdem und versucht, ihn auf andere Gedanken zu bringen. Wo waren sie denn noch stehen geblieben?

Ach ja, bei der Hühnerbrühe.

»Die Hühner sind doch wohl tot, wenn sie in die Brühe kommen. Oder nicht?« Sie fragt es nach allen Seiten.

»Geköpft«, sagt der Uhu. »Der Kopf ist ab, aber sonst kann man alles gebrauchen.«

»Die Federn?«, fragt Kucki.

»Da machen sie Betten draus. Aber sonst kommt alles in die Brühe.«

»Und die Knochen?«, fragt Kucki entsetzt.

»Die werden auch mitgekocht.«

Woher will der Uhu das denn wissen?

»So macht man das eben«, sagt er. »Meine Mutter kann auch Hühnerbrühe kochen. Da kommt alles rein.«

»Alles?«, fragt Millie nach. »Auch die Füße?«

»Bestimmt«, sagt der Uhu.

»Ihr seid so ekelhaft«, mischt sich Mercedes ein. Sie hat tatsächlich die ganze Smartie-Schüssel geleert. Peter Doppelmoppel! Hast du das gesehen? Was sagst du dazu? Nix.

Aber Jocko lacht sich schief. Er zeigt sein Fotohandy herum.

Da ist nämlich Mercedes drauf. Vorher und nachher.

»Vor … was?«, fragt die doofe Ziege.

»Vorher ist vor der vollen Smartie-Schüssel«, erklärt Jocko. »Und nachher ist vor der leeren Smartie-Schüssel. Da bist du dick und fett geworden!«

Ist Mercedes jetzt eingeschnappt?

Nee.

»Na, da hast du's mir jetzt aber gegeben, was?«, sagt sie.

Gegen Mercedes kommt man nicht an.

Mario seufzt ganz tief von innen heraus.

»Hühner sehen auch immer sehr traurig aus«, sagt er.

In Gedanken ist er immer noch mit den Hühnern beschäftigt. »Geht die Traurigkeit denn auch in uns rein,
wenn wir die Hühnerbrühe essen?«

Peter Doppelmoppel kratzt sich am Kopf und zieht die
Schultern hoch.

»Vielleicht haben die Hühner Liebeskummer«, sagt der
Uhu. »Und sie sehen deshalb so traurig aus.«

Der Chefkoch ist ratlos. Er glotzt den Uhu nur an.

»Wird denn aus allen Hühnern Suppe gemacht?«, fragt
Millie.

»Nein«, sagt Peter Doppelmoppel. »Aber aus sehr vielen.
Dafür hält man sich doch Hühner.«

Hm.

»Ist Huhn Berta denn jetzt auch in der Tütensuppe?«

»Wer ist Huhn Berta?«

»Das Huhn aus dem Bilderbuch«, sagt Millie.

Die Geschichte vom Huhn Berta ist neuerdings das
Lieblings-Anguckbuch von Trudel.

»Aber die Geschichte ist doch bestimmt ausgedacht«,

versucht Peter Doppelmoppel Millie zu beruhigen. »Das
ist doch nur ein Bilderbuch.«

»Ja«, sagt Millie und mit Nachdruck: »Nein. Huhn Berta
ist fotografiert. Man hat Berta den ganzen Tag lang
geknipst. Von morgens bis abends. Und jetzt ist Berta
wahrscheinlich auch in der Tütensuppe.«

»Kinder, Kinder, Kinder«, sagt der Chefkoch.

So was hat er wohl noch nie erlebt. Und Jocko hat mit
seinem Fotohandy alle Ereignisse für die Ewigkeit festgehalten. Die lustigen und die traurigen.

148

Millie mag auch gern was Einfaches:
Bratkartoffeln

Es gibt viele Kartoffelsorten, festkochende, vorwiegend fest-
kochende und mehlig kochende Kartoffeln. Für Bratkartoffeln
... na, na? ... festkochende Kartoffeln kaufen.
Bevor man die Kartoffeln brät, muss man Pellkartoffeln aus
ihnen machen, also mit Schale kochen, kalt werden lassen
und dann die Pelle abziehen. Jetzt in Scheiben oder Stückchen
schneiden. Minikartoffeln kann man auch ganz lassen.
Fett in der Pfanne heiß werden lassen. Dann die Kartoffel-
scheiben und Zwiebelwürfel hineingeben. Wer keine Zwiebeln
mag, kann die auch weglassen. Speck zu den Kartoffeln
geben – das geht auch. Salz drüberstreuen. Schon fertig.
Wenn die Kartoffeln braun werden, dann schnell runter vom
Herd und ab auf den Tisch.
Mampf, mampf, mampf.

Der Bello-Börger

Jocko hat auf dem Kochkurs nicht nur die lustigen und die traurigen Ereignisse mit dem Fotohandy festgehalten, sondern auch die Geheimnisse.

Es gibt unendlich viele Küchen-Geheimnisse. *Kralle* ist auch so ein Geheimnis, aber das haben sie ja jetzt aufgedeckt.

Die meisten Geheimnisse verbergen sich in Stieltöpfen auf einer Extraherdplatte. Ab und zu rührt Peter Doppelmoppel mit einem Holzlöffel in den Töpfen herum.

Was ist denn da drin?

Was Gelbes, was Rotes, was Braunes, was Weißes.

Und neben den Töpfen sind Gläser aufgereiht mit gelbem, rotem, braunem und weißem Pulver. Der Koch steckt seine Finger hinein und nimmt **eine Prise**.

Eine Prise … das hat Millie ja bereits aus ihrem Kochbuch gelernt … das ist so viel, wie man zwischen Daumen und Zeigefinger fassen kann.

Eine Prise von Millie würde ziemlich klein ausfallen.

Die Prise von Peter Doppelmoppel ist jedoch eine ganze

Menge. Er hat ja Finger wie King Kong. Da muss er aufpassen, dass er die Suppe nicht versalzt!

In den Stieltöpfen befindet sich aber keine Suppe, sondern Soße.

»Das Geheimnis des Kochs sind seine Soßen«, sagt Peter
Doppelmoppel.

»Genau«, sagt Millie. »Mit Ketchup-Soße schmeckt
alles besser.«

Das Pulver in den Gläsern ist dem Koch noch nicht ge-
heimnisvoll genug. Er zieht eine Geheimschublade auf.

Was ist drin?

Boah!

Currysoße und nackte Hamburger.

Millie hat es gesehen!

»Pscht«, macht Peter Doppelmoppel. »Ab und zu möchte ich mir auch mal was richtig Herzhaftes zubereiten.«

Pscht. Ach ja. In so einem schicken Hotel ist das natürlich **streng geheim.**

Die Vorbereitungen für die Latte-Matte sind weit gediehen.

Der Herd wird angestellt. Die Latte muss bei kleiner Hitze köcheln. Der Uhu passt dabei nicht auf.

»Köcheln!«, brüllt Millie. »Kleine Blasen und nicht große Blasen.«

»Schnauz mich nicht so an«, sagt der Uhu. »Das kann ich nicht leiden.«

Oke.

Jetzt ist das Hauptgericht an der Reihe. Das Pullerhuhn.

Oh, wie leid Millie die nackten Hühnerbrüste tun, oh!

Zum Glück erkennt man nicht mehr, ob Huhn Berta dabei ist.

Die Hühnerbrüste werden nun gesalzen, gepfeffert und angebraten. In eine Geheimsoße gelegt und zugedeckt im Backofen gegart.

»Gib Gas, Millie, gib Gas«, sagt der Chefkoch.

Millie dreht den Herd auf volle Pulle.

Endlich können sie sich den Bello-Börgern zuwenden.

Der Börger hat einen dicken Lebkuchen-Bauch, der mit Himbeercreme und Sahne gefüllt ist. Auf den Lebkuchendeckel werden Erdbeerviertel mit Zahnstocher gepikst. Bello-Börger bauen ist eine ganz schmierige und rutschige Angelegenheit. Immer wieder muss Millie sich die Finger ablecken. Und das dauert und dauert! Mit den Börgern werden sie ja nie fertig werden.

»Und was ist mit den aufgefutterten Smarties?«, will Millie wissen.

»Hähähä«, lacht Mercedes.

Na, die hat gut lachen.

Aber Peter Doppelmoppel zaubert noch eine Schüssel Smarties hervor. Er hat Berge davon. Und auch ein ganzes Blech fertiger Bello-Börger. Mit Smarties drauf! So viel man sich nur wünschen kann. In einer Hotelküche ist es wie im Schlaraffenland.

»Vielleicht werde ich mal Koch«, flüstert Mario Millie zu. »Aber das ist noch geheim«, fügt er hinzu. »Also sag's niemandem.«

Wem sollte Millie das denn erzählen? Wer interessiert sich denn schon für Mario?

Hier interessieren sich alle nur dafür, wann es endlich was zu essen gibt. Wann ist denn das Pullerhuhn gar? Und müsste die Latte-Matte nicht schon längst fertig sein? Die ist zuerst an der Reihe.

Zum Essen dürfen die Teilnehmer vom Kochkurs ihre
Schürzen ablegen und nach oben stiefeln. Sie bekommen
ihr **Menü** im Restaurant serviert. Drei Gänge! Ein
richtiges Essen hat mehrere Gänge, das heißt, dass die
Kellner mehrmals hin- und hermarschieren müssen,
um das Essen zu bringen.

Kucki sagt: »Ich will nur Nachtisch essen. Bekomme ich
dann drei Bello-Börger?«

»Bis du platzt«, sagt Peter Doppelmoppel.

Und kriegt Mercedes auch was vorgesetzt? Sie hat doch
gar nichts getan! Nur rumgesessen und Smarties ge-
futtert! Weil ihr Bauch noch randvoll davon ist, kann sie
im Essen nur herumpicken. Hier ein Häppchen, dort ein
Häppchen.

Aber wer schuftet, kriegt Hunger.

Riesen-Latte-Matte-Hunger.

Riesen-Marion-Pullerhuhn-Hunger.

Riesen-Bello-Börger-Hunger.

Jedenfalls schafft Millie alle drei Gänge. Aber selbst
gekocht schmeckt nicht so gut wie von Mama gekocht.
Mama ist die beste Köchin. Da kann sich Peter Doppelmoppel **auf den Kopf stellen**.

Jocko hat zwar auch nicht bei der Zubereitung des
Essens geholfen, aber er hat tüchtig zu tun gehabt. Selbst
jetzt kann er das Knipsen nicht sein lassen. Kucki mit

sperrangelweit geöffnetem Mund. Mercedes mit spitzen
Lippen. Millie beschmiert mit Bello-Sahne bis zu den
Ohren hinauf. Dabei heißt Millie nicht Trudelchen!
Die kommt gerade um die Ecke geflitzt. Sie sieht sehr
froh aus. Als ob sie ihre große Schwester **schmerzlich**
vermisst und jetzt endlich wiedergefunden hätte.
Küsschen, Küsschen.
»Willst du auch ein Smartie?«
Aber ja!

Alle Kursteilnehmer werden nun abgeholt. Die Eltern strahlen. Die Kinder nicht. Die sind nämlich platt.

»So«, sagt Peter Doppelmoppel. »Jetzt sind wir alle satt und ausgeruht. Da wollen wir uns mal in die Küche begeben und aufräumen.«

Huch.

»Ich habe mir den Fuß verletzt«, ruft Mercedes.

»Ich kann mich nicht mehr rühren«, jammert Kucki.

Millie ist auch nudeldickesatt. Wie kann man das am besten ausdrücken?

Sattsein
ist wenn
man sich im
Bauch rund und dick
fühlt

Frau Heimchen, gilt das auch als Elfchen? Oder etwa nicht?

Millie ist so proppenvoll, dass ihr jetzt ein Bäucherchen entweicht.

Plopp.

»Entschuldigung.«

»Millie!«, sagen Papa und Mama wieder einmal wie aus einem Mund.

156

Manno. Millie kann nun wirklich nichts dafür. Schuld ist
das Pullerhuhn. Und Peter Doppelmoppel.
Der hat eben aber nur Spaß gemacht. Nein, sie müssen
nicht aufräumen. Das muss man nur zu Hause
machen.
Stattdessen verteilt der Chefkoch die Kochkurs-Führer-
scheine. Ach, die heißen ja *Urkunde*.
Millie Heinemann hat sehr erfolgreich am Kinderkochkurs
teilgenommen und bekommt hiermit den Titel »My little
Bello-Koch« verliehen.
Wat is dat denn?
»Mein kleiner Bello-Koch«, sagt Mama.
Herzlichen Glückwunsch
und viel Spaß.
Stempel. Unterschrift.
Bello-Pfotenabdruck.
Obwohl Jocko alle und
alles schon wie verrückt
fotografiert hat, soll Mercedes

sich jetzt neben den Chefkoch stellen.
Herr Klotzig will ein Foto machen.
Und was ist mit Mario und dem Chefkoch?
Nix.
He, das ist ja zu blöd. Den Eltern von Mario müsste mal
jemand **die Meinung geigen**.

»Aber das nächste Mal mache ich einen Sushi-Kurs«,
sagt Mercedes und reckt ihre Nase himmelhoch.

»Kommst du dann wieder mit?«

Meint sie wirklich Millie?

Sieht so aus.

Na, das wird sich Millie noch gut überlegen. Suschi-
Wuschi soll doch was mit rohem Fisch sein. Das wäre ja
gewöhnungsbedürftig.

Im Moment tut ihr Rücken weh. Und die Füße schmer-
zen. Kochen ist Arbeit, Mensch.

Der Chefkoch nickt: »Ja, ihr habt heute tatsächlich viel
geleistet. Hut ab!«

Mann, dann nimm doch auch mal deine Kochmütze
vom Dez, Peter Doppelmoppel! Aber der hat das mit
Hut ab wohl *nur so* gesagt. Jedenfalls bleibt die hohe
Kochmütze auf seinem Kopf, als er fortfährt: »Ich denke
aber, es macht noch mehr Freude, wenn ihr nur für eure
Lieben kocht.«

Millie dreht sich nach Mama und Papa um. Beide
nicken. Na, wenn die das auch finden … Und wenn
Millie mal für sich alleine kochen wird … wenn sie groß
ist … dann wird ihr das sowieso Spaß machen, dann
gibt es nämlich kein Pullerhuhn, sondern erst einmal
selbst gemachte Sahnebonbons, Pommes, Schmetter-
lingsnudeln.

Und was Millie sonst noch gern mag:

Erdbeertorte, Gummitiere, Indianersuppe, Kalter Hund,
Cervelatwurstbrot, gebratene Nudeln, Linsensuppe,
Waffeln, Kinderpizza, Pflaumenmarmelade, Weih-
nachtskekse, Marmorkuchen, Pellkartoffeln mit
Brathering, Blaubeermuffin, Tomatenbrot, Quatsch
mit Soße …

und auf alle Fälle:
Jeden Tag einen Apfel.